揭 秘 开 发 客 户 的 实 用 手 法　传 授 提 升 技 巧 的 销 售 秘 籍

金牌销售员开发客户的超级口才宝典

销售员开发客户口才与技巧

如 果 说 销 售 是 场 战 争 ， 口 才 就 是 赢 得 战 争 胜 利 的 武 器

让客户源源不断的智慧锦囊

谭芳◎编著

赢在销售的起跑线上，让你的业绩直线攀升

中国纺织出版社

内 容 提 要

没有客户资源哪来销售业绩！开发客户是一个合格销售人员必备的能力。面对形形色色的潜在客户，如何展开开发攻势，使他成为你的有效客户？让本书带你学习如何开发客户的策略，打造自己的销售网络。

本书从开发客户的过程入手，以不同情景和方式为线索，运用鲜活的案例，辅以销售精英的实战经验，让你轻松学会最有效的技巧，精通与客户打交道的策略。本书是销售人员提升客户开发技巧的实用宝典和必备手册，可操作性强，一学即会。

图书在版编目（CIP）数据

销售员开发客户口才与技巧/ 谭芳编著.—北京：中国纺织出版社，2017.5（2024.9重印）

ISBN 978-7-5180-3216-7

Ⅰ.①销… Ⅱ.①谭… Ⅲ.①销售—口才学—通俗读物 Ⅳ.①F713.3-49②H019-49

中国版本图书馆 CIP 数据核字（2017）第 018200 号

责任编辑：闫 星　　责任印制：储志伟

中国纺织出版社出版发行

地址：北京市朝阳区百子湾东里 A407 号楼　邮政编码：100124

销售电话：010—67004422　传真：010—87155801

http://www.c-textilep.com

E-mail:faxing@c-textilep.com

中国纺织出版社天猫旗舰店

官方微博 http://weibo.com/2119887771

新乡市龙泉印务有限公司印刷　各地新华书店经销

2017 年 5 月第 1 版　2024 年 9 月第 6 次印刷

开本：710×1000　1/16　印张：15

字数：190千字　定价：78.00元

前言

我们都知道，销售行业是目前世界上最富有挑战性的行业之一，但也是回报最为丰厚的行业之一，需要销售员们付出辛勤和汗水。无数原本贫穷的人通过这一行业获得了财富，甚至成为首屈一指的富翁。但销售并不是简单纯粹地卖产品，销售中最难和最重要的部分就是开发客户，没有丰富和高质量的潜在客户，销售无从谈起。所以，市场、新客户的开发，是每个公司及营销人员都必须面临和解决的现实问题，新市场开发的成效与质量的好坏，对一个企业的成长及营销人员的个人提升至关重要。

然而，在现实的销售过程中，我们看到的最普遍的情况是，销售员在开发新客户时，老客户也在流失，甚至客户流失的速度远大于开发的速度，以致客户开发的成功率很低。所以，不少销售员在忙碌和奔波中依然打不开自己的销售局面。

我们看到，在传统营销中，客户和销售员之间最大的问题是，他们之间似乎永远隔着无法跨越的城墙：客户无法看到销售员的真诚和努力，销售员无法了解客户的内心需求。当然，也有一些优秀的销售精英，销售对于他们来说驾轻就熟……

其实，对于潜在客户的寻找并不是每天走街串巷地拜访，也并不是每天下班后还打五十通电话、翻一百页资料，我们应该有我们自己的客户寻找法。成功开发新市场是营销人员的天职。要知道，开发客户不是强制性地向客户推销，而是要求销售员必须能够站在客户的角度上与其对话，这也是开发客户最基本的一点。在很多时候，客户从销售员身上看到的诚意的多少和服务态度的如何对整个产品销售的影响要远大于产品本身。

事实上，销售中，人际关系就是我们销售的财源，我们人际关系如何，以及人际关系圈子的大小，都决定了我们的客户网大小。比如，那些销售精英们就了解，我们身边的朋友、亲戚、同事、同学、客户有时甚至是陌生人，都是资源中的一部分，都应该是我们人脉链中重要的一部分。

所以，每一位销售员都要学会充分利用你的资源，充分挖掘你的人脉，这样你才能挖掘出你需要的客户群，为接下来的销售工作做好准备工作，取得良好的销售业绩！

当然，要成功开发客户，还需要销售人员在与客户正面接触的过程中，做到高效沟通、以情动人、善用心理策略等。可见，从整体上看，新市场的开发，是一个艰苦的心智历程，它融合了一个营销人员的综合素养，体现着一个营销员良好的精神风貌及业务水准。因此，新市场的开发，需要突现自我，它不是一个随便“开”字就能了得，它需要“心”的付出，汗的挥洒，然后才能会有“新”的收获，开发新的人生，正像一首歌中所唱：“世间自有公道，付出就有回报，说到不如做到，要做就做最好！”

编著者

2016 年 10 月

目 录

◆第 1 章◆

包装销售形象，让潜在客户被你深深吸引

每一名销售员，都常常希望自己能够成功开发潜在客户,进而为顺利销售奠定基础。然而在现实销售中，一些销售员常常感叹自己在开发客户的过程中,总是被客户拒之门外,导致销售业绩上不去,这是为什么呢？此时,你不妨回想一下:你的职业形象是否干练？你是否让客户觉得你值得信任？你的谈吐能否体现你的专业水准？要知道,客户并不一定信任他们喜欢的人，但更难信任他们不喜欢的人。客户一般乐于与他们所了解、喜欢以及感到有必要联系的销售员打交道。如果你能包装好自己的职业形象，向客户证明你具有值得别人信任的品质,那么,你自然就能吸引客户,促进信任的建立。

时刻微笑，微笑是最好的销售语言

人们常说"伸手不打笑脸人"，微笑是一种智慧，是一个人的名片。作为一名推销员，能否成功开发客户，把自己的产品推销出去，往往取决于他留给客户的第一印象。在客户的第一印象中，衣着打扮固然很重要，但最重要的是一个人的精神状态。所以，当你踏入客户的办公室时，如果客户首先看到的是一张阳光灿烂的笑脸，那么，你留给客户的第一印象就非常好，因为亲切而又自然的笑容永远是受欢迎的。

在现实销售中，一些销售员常常感叹自己在开发客户的过程中，总是被客户拒之门外，导致销售业绩上不去，这是为什么呢？其你不妨回想一下：你对客户微笑了吗？没有微笑，哪还有生意？只有真心热爱自己的本职工作，才可能有真正天真无邪的笑容。热爱自己的工作，对工作充满信心，这就是你微笑的真正源泉。

作为一名销售员，如果总是能面带微笑，那对于你来说就是一笔巨大的无形资产。即使你的笑容不是那么阳光灿烂，那也不重要，重要的是你时常面带微笑。

销售情景：

世界最杰出的十大推销大师之一原一平，曾在日本保险界连续 15 年获得全年的销售冠军，而他成功的杀手锏之一就是"微笑"，他掌握了 38 种微笑，为了征服一位顾客，他曾经使用了 30 种微笑。

可以说，原一平其貌不扬，他只有 1.53 米。和很多保险推销员一样，在刚开始从事这一行业时，他在半年内都没有卖出一份保险。那时候，为了生存，他只得睡在公园的长椅上。

原一平知道，单就长相，自己毫无优势可言，但他知道，微笑是赢得他人信任的法宝。为了获得这一法宝，原一平开始每天一早在公园里向碰到的每个人微笑，对方是否在意或者回报他微笑，他都不在乎。终于有一天，一个常去公园的大老板对原一平的微笑产生了兴趣，他不明白一个饭都吃不饱的人怎么会总是这么快乐。于是，他提出请原一平吃一顿饭。可原一平却请求这位大老板买一份保险，老板答应了。接着这位大老板又把原一平介绍给许多商场上的朋友。

通过这件事，原一平初次尝到了微笑的甜头，后来，他通过进一步观察，发现世界上最美的笑是婴儿的笑容，那种天真无邪的笑容，散发出诱人的魅力，令人如浴春风，无法抗拒。因此，他开始练习微笑。

有一段时间，他练习太入迷，因为在路上练习大笑，而被路人误认为精神有问题。他甚至睡觉时都常常会“笑”醒，并跑到镜子前去练习。“噢，你看，这种表情正确吗?”他问来到他身旁的妻子。“喂，你有没有搞错！深更半夜爬起来干什么?”“嘘，没什么。”他继续练习。“喏，这个样子好像就对了。”“哎哟，太难看了吧！”“别乱说，现在好些了吗?”“哦，是好看些了。”“这就是痛快的笑啊。”……

经过长期的练习，他掌握了38种微笑：逗对方转怒为喜的笑，安慰对方的笑，岔开对方话题的笑，消除对方压力的笑，重新修好时的笑，两人意见一致时的笑，吃惊之余的笑，挑战性的笑，大方的笑，含蓄的笑，假装糊涂的笑，心照不宣的笑，遭人拒绝时的苦笑，压抑辛酸的笑，无聊时的笑，郁郁寡欢时的笑，热情的笑，自认倒霉的笑，使对方放心的笑……他的笑达到了炉火纯青的地步，他可以针对不同的客户，展现不同的笑容。他用微笑表现出不同的情感，用自己的微笑让客户露出笑容。

分析：

可能很多销售员都会羡慕原一平的销售业绩，但你做到和原一平一样微笑了吗？世界上最伟大的推销员乔·吉拉德也曾说：“当你笑时，整个世界都在笑。”我们最应当问自己的一句话就是“醉人的笑容你有没有”！

在日常工作和生活中，没有一个人会对一位终日愁眉苦脸的人产生好感。相反，一个经常面带微笑的人，则会使周围的人心情开朗，并受到周围人的欢迎。在一般情况下，如果你对别人皱眉头，别人也会用皱眉头回敬你；如果你给别人一个微笑，别人就会用更加灿烂的笑容回报你。

可能你会产生疑问，天生木讷的人，该怎样学会微笑呢？而且，人是复杂的感情动物，都会或多或少地被自己的情绪左右。当工作有障碍的时候，当心绪特别糟糕的时候，当误会或委屈的时候，当失意的时候……又该怎样以微笑面对客户呢？对此，我们不妨从以下几个方面努力。

1.生活中多加练习

为了能够使自己的微笑看起来更加自然、真诚，原一平曾经这样练习微笑：他假设各种场合与心理，自己面对着镜子，练习各种微笑。因为笑容必须从全身出发，才会产生强大的感染力，所以他就找了一个能照出全身的大镜子，每天利用空闲时间，不分昼夜地练习。根据多次的练习，他发现嘴唇的闭与合，眉毛的上扬与下垂，皱纹的伸与缩，不同表情的"笑"都会表达出不同的含意，甚至于双手的起落与两腿的进退，都会影响"笑"的效果。

2.摆正心态

现实中有许多推销员不爱笑。为什么？是因为他们天生不会笑吗？不是！很多时候是因为他们的自我意识太强。由于这种人自我意识太强，一紧张就笑不出来。即使笑出来也很勉强，脸部肌肉显得非常僵硬，有时这种笑比哭还难看。所以，如果实在笑不出来，那就用眼睛去笑。虽然眼睛里的笑没有脸上的笑容那样好看，但毕竟也是发自内心的笑，客户也能感受得到。

3.无论客户是什么样的态度，都要表现你的风度

作为营销人员，你始终要记住，客户是上帝，因此，不论对方持什么态度，你都要保持微笑，表现风度。但并不是任何一个销售人员都能做到这一点，鉴于此，我们不妨采取作家李佩甫的中篇小说《学习微笑》中提到的一个方法，即"在一些场合，在一些不想笑而又必须微笑的场合，你就把嘴张开，

露三分之一牙，示三分之一弱，这样就会带出一些笑意”。

学会微笑后，在开发客户时，就要养成微笑的习惯。如果你带着一张灿烂的笑脸进门，它可以让你省去很多程序性的介绍和麻烦。微笑就像春天的阳光，能融化堆积在人们心灵之间的冰雪，改变客户的心情，制造出与客户交流所需要的和谐气氛。对方对你产生好感后，你们之间的交流和沟通就会变得很自然，而你脸上的笑容也会越来越亲切。如果你的微笑练到炉火纯青的地步，就算再刁钻的客户，也会被你的微笑融化！

得体的职业装彰显出你的专业形象

对于销售行业的人来说，专业形象非常重要，一般情况下，销售精英们都是一身干练的职业装。因为他们知道一个道理，在见到客户的第一面，销售员的形象如何，就已经注定了很多事情。因此，如果你不想因为自己的形象而失去良好的机会，就把形象当成一种竞争力去培养。

在我们的生活中，那些穿着整洁、言行举止彬彬有礼的人，我们都很愿意跟他们交往；而那些衣装不整、邋遢懒散，在公共场合满口脏话的人，虽然能吸引人们的目光，但那绝对不是赞许的目光，那种目光中只会充满鄙夷、反感和厌恶。

我们都知道，开发客户，最重要的是在拜访客户的过程中获得对方的认可。我们不妨转换一下思维，如果你穿着随便，那么，那些你即将拜访的客户，是不是也会有同样的感受呢？相反，如果穿一身干净、利落的职业装，是不是会为你的销售形象加上几分呢？

销售情景：

从学生时代起，小王就是个不修边幅的人。现在，他已经是一家清洁用具公司的推销员，但他还是那么不注意自己的形象，别的销售员都是西装革履，而他却经常穿T恤就去上班，甚至一件衣服穿到底。他到朋友家玩，朋友给他提出了十分中肯的意见，“你长得挺帅的，为什么不找件干净衣服穿上呢？别人看着也舒服。”

而小王却不以为然，开玩笑地说：“我才不在乎别人怎么说我呢，我的朋友不会在乎，在乎这些的也不是我的朋友！你可别指望我打扮给你看！”

当朋友问：“如果你去推销产品，面对陌生的客户，也这么穿？”

“当然，客户如果需要产品，自然会买；如果不需要，我打扮得再好，他也不会买呀，他看上的又不是我！”小王很坚决地回答。但有一次，发生了一件事，对小王的打击很大。

这天，小王还是跟往常一样，来到某小区，敲开了一扇门，开门的是个阿姨，当小王道明来意之后，对方就表明自己不需要。这个结果是小王料到的，倒也无所谓，但此时他已经走累了，准备在门口休息一下。

这时，小王听到屋内有个女孩问：“妈，刚才那个来我们家的邋遢鬼是谁啊？”

“搞推销的，估计是骗子。”

听到这段对话，小王感到脸上火辣辣的，自尊心受到了严重的伤害。回到家后，他第一次有意识地照了镜子，第一次认真地看了镜子中那个邋遢的自己。

于是，他开始改变自己，开始和同事们一样穿西装、打领带，每天出门前照一下镜子，看看自己的形象是否干净、利落、专业，从那以后，小王好像变得精神多了，业绩也好多了。

分析：

现实生活中，有很多和小王一样的年轻销售员，在个人装束上我行我素。他们认为这是个张扬个性的年代，是个崇尚自由的年代，的确，即使你再不修边幅，与周围的人也并没有多大关系。然而，从事销售这一行业，要想成功开发客户，就必须注意自己的形象，因为客户对你的印象如何，直接决定了你们之间是否有可能做成生意，只有被人认可的形象才能使人产生好感和信任感。

人们往往通过着装等外在形象来判断一个人是否成熟可靠。在开发客户的过程中，如果你的形象不能给人信赖感和责任感，即使你的产品再好，对方也会犹豫不决。而着装反映了一个人文化素质的高低，审美情趣的雅俗。穿着得体，修饰自然，就会令人赏心悦目。外表端庄，是尊重别人的表现，也是爱护自己、增强自信的表现。没有谁愿意看到你蓬头垢面、衣冠不整的样子，你也没有必要让别人因此而误会你的专业能力。通常来说，好形象并不一定要衣着名贵，一身得体的职业装即可，但同时，还需要注意以下几点：

1.做到清洁卫生

清洁卫生是仪容美的关键，是着装的基本要求。不管长相多好，服饰多华贵，如果满脸污垢，浑身异味，周围的人必定会对你退避三舍。

2.懂得一些服饰的搭配

对于男性，应该穿西服打领带。同时要注意外衣、衬衫和领带颜色的搭配。手表、手绢、钱包、公文包、领带夹、签字笔、打火机及眼镜等都起着重要的装饰作用。

对于女性，化妆是必要的，但要注意不可浓妆艳抹，喷洒香水要适度。

因此，作为销售人员，你不要认为自己随意就好，不要自我安慰地说“凌乱是一种美”、“个性就是美”之类的话。如果你穿一身“哈韩”装或者浓妆艳抹、花枝招展地去上班，或是顶着一头黄发去拜访某位重要人士……尽管你觉得自己很个性，但结果一定会让你失望。相反，一身干净得体的职业装会让你显得专业大方！

每个细节都体现出你对客户的尊重

自古至今，人与人交往，最重真诚善意。没有人愿意与那些伪君子打交道。当你与一个人打交道时，如果他总是口是心非，你就不会对他有什么好感。古人云“百心不可得一人、一心却可得百人”，就是这个道理。这一点，对于销售行业的人来说，尤其重要。任何一位客户，之所以会购买我们的产品，不仅是因为他们相信我们的产品，更重要的是对销售员自身的肯定。

我们都知道，开发客户是将产品卖出去的前提，而在这个过程中，如何让客户认可我们，就是我们需要做的工作。但实际上，任何一位客户，在接触销售员之初，都是“防卫的”，我们只有在迅速地打消潜在客户的“心防”后，才能打开客户的心胸，客户才可能用心倾听我们的谈话。打开客户“心防”的基本途径是先让客户产生信任感，接着提起客户的注意，然后是提起客户的兴趣。而做到这一点，就需要我们在与客户接触的过程中，以细节打动客户，让客户感受到我们的善意，这也是树立自己良好职业形象的重要方面。

销售情景：

一天，小小又被领导拉去应酬。这次，他们要与一个大客户吃饭。听领导说，这次是笔大生意。小小很细心，出门前，他询问了一下领导，客户有哪些特别之处。结果领导的回答是：“没啥特别，就是有点高血压，有点老胃病，都是应酬弄的。”小小记下了这些。

来到饭店，点菜时，领导和客户互相推辞，最后，大家决定把这项权利交给小小。小小心想，该是自己表现的时候了。不到一会儿，小小就点了一桌子菜。

这时,小小诚恳地对客户说:"王总,订餐之前,我已经跟酒店嘱咐过了,炒菜不要用动物油,特别是猪油,而要用植物油,桌子上基本上是低脂肪、低热量的菜,您可以放心食用;还有,这道白菜心拌海蜇皮,您先尝尝。这是一道正宗的醒酒菜,还有护胃的功能。"

"嗯,味道不错,吃惯了大鱼大肉,吃这道菜,还真是挺有味儿。你说它能醒酒?"客户提出了疑问。

"海蜇皮能解渴醒酒。现在市面上有很多醒酒的药物,但我觉得是药三分毒,我们还不如吃这种营养又健康的蔬菜。"小小说。

这时候,小小的领导也插了一句:"王总,您可别小瞧这小子,他可是我们公司有名的美食和健康专家啊,还经常教我们一些养生之道呢。"

"现在的年轻人注重养生的可不多啊,真难得,对了,那道白菜心拌海蜇皮是怎么做的? 我回家让我太太也经常做一些。"

"其实这道菜做起来很简单,将海蜇皮清洗干净后,切成丝;用清水浸泡2小时,中间换三次水,洗去腌渍海蜇皮的盐和矾;浸泡好的海蜇皮控干水分后,放在漏网里,用80度左右的热水冲淋一下,并迅速过凉水……"

一场饭局下来,小小和王总就这道醒酒菜聊得不亦乐乎,而这单生意也成功地做成了,更令小小惊奇的是,这个王总还向领导指名将这单生意归为他的名下。

分析:

这则案例中,小小是个细心的人,得知客户有高血压和老胃病,在点菜时,他便格外用心,而且,他与客户的交谈也是诚恳的。当客户发现小小的善意之后,一下子就打开了话匣子,并最终决定与小小做生意。

在销售过程中,不乏小小这样讨客户喜欢的人,他们在开发潜在客户的过程中,总是能通过一些细节,让客户感受到他们的贴心、善解人意,让客户不忍拒绝他们。

那么,我们该如何向客户展示我们的细心和善意,来提升我们的销售形象呢？

1.记住客户的某些特殊日子

当然，有些潜在客户很可能现在不会购买你的产品，但你依然不要忽视与他们联系并进行情感交流，因为他们可能会为你带来很大的客户群体或者日后他也会需要你的产品。为此，你不妨记住客户某些特殊的日子，如结婚纪念日、生日等，并送上你的一份祝福，或者是一份小礼物，他会感激你的细心，并对你留下良好的印象。

2.迎合客户某些特殊的爱好

打个很简单的比方，如果你的准客户喜欢下棋，那么，你不妨多抽出一些时间与他们切磋一下，在这种你来我往中，双方的关系就会拉近很多。

3.多向客户强调使用产品时的注意事项

很多销售员在向客户推销产品的时候，总是将介绍产品的重点放在产品的优势上，这样做无异于王婆卖瓜，自卖自夸，客户也不一定会相信，但如果你能告诉客户："不瞒您说，前段时间，有个客户因为使用时不注意，烫伤了皮肤，因此，我一定要提醒您，使用这类产品时，一定要小心。"这样表达，更能赢得客户的信任。

可见，向准客户表达我们的细心和善意，会让对方更放心、更舒心，从而愿意给我们一个合作的机会！

时刻保持销售礼仪，处处展现你的涵养

人们常说："销售是最具挑战性的职业"，因为世界上80%的富翁都曾是销售人员。然而，在竞争日益激烈的今天，销售人员面临的竞争也更加激烈。"天下难事，必做于易；天下大事，必作于细。"销售工作从寻找潜在客户到与客户见面、交谈等，在开发客户的过程中，有着数不清的细节问题，一个细节就有可能感动客户、促成交易；一个细节也有可能引起反感、失去客户。

销售人员若想给客户留下一个值得信赖的好印象，就要注意细节问题，一举一动都要讲究礼仪，展现你的涵养。

销售情景：

小谢大学毕业后，和很多毕业生一样，找到了一份销售的工作。可是三个月以来，他却连一单生意也没做成。工作时间，小谢也和其他同事一样，去拜访客户。可是，没有一个客户愿意和他做生意。为什么会这样呢？有件事让他彻底明白了。

有一次，小谢来到了准客户的公司，但这时客户还在开会，于是，小谢打算再等一会儿。在秘书的带领下，他来到会客室。会客室一个人都没有，小谢随便拿起一张报纸看了起来，慢慢地，他跷起了二郎腿，还拿出了香烟抽起来。

小谢等了将近一个小时，才见到那位经理。小谢简单地说明了来意，没想到那位经理却冷淡地说："我知道，你跟负责这件事的人谈吧，我已跟他提过了，你等会儿过去吧。"

为什么对方会是这种态度，这让小谢很不解。在回家的路上他反省着：是哪个地方做错了呢？今天所讲的内容应该能吸引客户呀，怎么会这样？他百思不得其解。然而，当他经过一家商店的橱窗，看到自己的身影才恍然大悟，立刻明白自己失败的原因了：耳朵后面还夹着一支烟！估计自己在会议室的那些不雅举动也被经理看到了吧。

怪不得以前那些客户也以同样的理由拒绝自己，估计也是因为自己在行为动作上的失态造成的吧，了解了这些后，小谢开始注意自己在说话、走路甚至一个小小的动作上的修炼。几个月过去了，很多同事开他玩笑说："小谢现在是礼仪大师了，哪个客户再拒绝你，那真是天理不容了。"虽是句玩笑话，却真的有几分道理。从那以后，小谢的生意做得顺利多了，甚至有些客户开始主动联系小谢。

分析：

案例中，从销售员小谢前后不同的销售境况，我们不难发现：基本的社交礼仪看似简单，但在我们的销售工作中恰恰用得最频繁，如果不懂得一些基本的社交礼仪，往往会被人认为个人素质不高。作为一名合格的销售人员，我们在任何时候都不能忽视自己的仪表，一定要尽己所能给准客户留下良好的第一印象。客户只有在接受了你的情况下，才会考虑接受你的产品。

当今社会，形象礼仪越来越受到人们的重视，但有一些销售人员，他们能言善辩，介绍产品时巧舌如簧，却偶尔做出一些不雅的“小动作”，令其形象大打折扣。因此，作为一名销售人员，你更应有意识地避免一些习以为常、但确实极为不雅的行为举止。

那么，在我们与准客户接触的过程中，我们该如何通过礼仪展现自己的涵养呢？

1.展现优雅的仪态

相对于言谈礼仪而言，优雅的仪态是一种无声的语言，它能体现出一个人的性格、修养和生活习惯。销售人员的一举一动直接影响着客户对你的评价。因此，有人称其为“动态的外表”。

坐姿：男士需要坐姿端正，而女士则要优雅。入座轻柔和缓，起座端庄稳重，不猛起猛坐，落座后不要东张西望。与客户交谈时不要把双臂交叉放于胸前且身体后仰，不可跷二郎腿，因为这样会给对方传递一种漫不经心的感觉。

站姿：挺胸、收腹，身体保持平衡，双臂自然下垂。

走姿：走路时要抬头挺胸，步履轻盈，目光前视，步幅适中。

2.语言文明，讲究礼貌

与准客户说话时，你需要做到以下几点。

(1)不可讲脏话。

对方思考和说话的时候，不要随便打断对方，不要追问自己不必知道或者别人不愿意说的事情。否则，对方会认为你没修养、没素质，从而不愿意跟你交往。

(2)不要在别人前“打扫个人卫生”。

像剔牙齿、掏鼻孔、挖耳、修指甲、搓泥垢等行为都应该避开别人。否则,不仅显得不雅观,也是不尊重别人的表现。这种行为会严重地破坏你的外部形象。

(3)常说一些礼貌用语。

判断一个人的修养如何,最简单的方式就是看他的举止是否文明。因此,若要给你的准客户留下一个好的印象,就要懂得使用一些礼貌用语,如日常使用的“请”、“谢谢”、“对不起”,第二人称中的“您”字等;初次见面为“久仰”,很久不见为“久违”,请人批评为“指教”,麻烦别人称“打扰”,求给方便为“借光”,托人办事为“拜托”,等等。

(4)避免在不吸烟的客户面前吸烟。

在一个不吸烟的客户面前吸烟是一种不尊重对方的行为,这样做不仅会让对方感到不舒服,还会让对方想要回避你。

虽然行为仪态看起来似乎只是琐碎的小事,但正是这些小事反映了一个人的文化修养和素质。所以,要想成为一个受欢迎的销售人员,就一定要随时随地注意自己的一举一动,以优雅的仪态吸引客户。

训练出专业严谨的谈吐,让客户对你放心

人们常说:“做销售,要想把产品推销出去,首先要把自己推销出去”。此话不假,表面上看,客户购买的是我们的产品,但这是建立在客户对我们信任的基础上。同样,我们在与潜在客户接触、开发客户的时候,只有获得他们的信任,才能真正推进销售进程。要做到这一点,凸显自己的专业素质必不可少,因为没有一个客户愿意与一个对产品不熟悉、说话模棱两可的人合作。

在现实销售中,一些销售员在与潜在客户沟通的时候,为了能让客户接

收到关于产品更多的信息，常常不顾客户的感受，一味地表达自己的观点，却常常事与愿违，让客户生厌。

可见，谈吐不专业、喋喋不休等是销售人员在接触客户的过程中最容易犯的一个错误，同时也是销售的大忌。所以，销售人员在了解和掌握足够的产品信息的同时，也十分有必要培养和锻炼自身的语言组织和表达能力，尽可能地用最清晰、最简洁的语言使客户获得想知道的相关信息。

销售情景：

销售员小江从客户那儿回来后，愤愤不平，正向同事小刘诉苦。

小江："刚才那个客户真是烦人，什么都不懂，还非要冒充行家，我向他介绍了半天产品，但他都听不明白似的，说我卖的电脑这里不好、那里不好。还说他们家那台老式电脑是目前市场上卖得最火的，我看至少有三四年的时间了，你说好笑不好笑。"

小刘："那你怎么说服他的呢？"

小张："说服他？我刚开始和他讲解现在的市场行情他不听，后来我生气了，和他大辩了一通，使出了我浑身的解数。结果他一句话都说不出来了，哈哈。"

小刘："那他有没有说要买你的电脑呢？"

小张："……"

分析：

案例中，小江在拜访潜在客户后，因为进展不顺利而向同事诉苦："我向他介绍了半天产品，但他都听不明白似的。"实际上，小江在抱怨的同时，可能忽略了一点，客户之所以不同意你的观点，是因为你的表达不够专业，无法让他信服。而小江与客户产生争辩，更是不可取的行为。因为与客户交流的最终目的是说服客户购买。和客户争辩，如果你胜利了，他自然会对你更加痛恨，拒绝和你交易；如果客户胜利了，就会摆出一种扬扬自得的神情，更加鄙视销售员，自然也会看不起你的产品。但如果我们与潜在客户沟通的过程中，能做到谈吐专业，那么，自然能避免很多类似案例中的问题出现。

对此，我们需要做到以下几点。

1.事先对客户进行了解，让沟通具有针对性

销售员在与潜在客户沟通前，应该尽可能多地了解客户的自身情况，了解客户的思想、需求、愿望、不满、抱怨甚至客户的气质等重要信息，做到有的放矢地和客户进行沟通和鼓动，从而利于商品销售。

如果销售员在与客户交谈时，只是单纯地传递关于产品的种种信息，没有顾及准客户对产品是否有需求，就不能及时调整自己的销售策略，最终就会失去成交的机会。

2.使用专业精练的语言

话语力求简练，不能重复啰唆，这反映了量的要求；明晰，就是要把意思表达清楚，使对方准确理解其含义，它含有效果方面的要求。简洁明晰的语言表达，就是以最少的语言传递最多的信息，宣传、销售产品时突出重点，这需要销售人员对产品相当熟悉，并且有良好的语言表达能力。

3.关键时刻强势一点

如果一味地认同客户，难免有奉承之嫌，更会显得销售人员不专业，这会让客户觉得你不可信任。而在一些问题上，如果我们能强势一点，则会让客户看到我们对产品的信心。但即便强势，也要保持良好的态度，最好先肯定对方的意见。比如，客户对我们的产品存在一些误解，我们可以这样说：

"说句真话，我从事电脑销售好几年，像您这样如此关心本公司产品性能的客户，我见得不多，像您这样了解本公司产品的客户，更是少之又少，而且，您的建议对我们很有用，所以我衷心地谢谢您。正如您所说，我们的产品现在还存在一定的问题，不过现在在市场上销量很好，说明还是有不少益处的。您看，这是我们去年的销售情况一览表……承蒙您这样的客户的关照，我们会更注意改进产品的性能。您买了我们的产品，如果在使用过程中有什么问题，欢迎您继续给我们提出来。"这样说，客户一定能接受。

简洁明晰地表达自己的观点是一个优秀的销售人员必须具备的素质，也是一个销售人员职业形象的重要组成部分。销售人员应尽可能地用最清晰、最简明的语言让客户获得相关信息，因此锻炼和培养良好的语言组织能力和表达能力对一个销售人员来说至关重要。

语言婉转真诚，用“情”打动客户心

我们知道，人都是感情动物，人与人之间从毫无关系到认识，再到信任，最后成为朋友，就是人们常说的“缘分”，但这需要彼此心与心的交流。这告诉我们，从事销售，在与客户正式沟通前，我们也要有意识地制造与客户之间的这种“缘分”，而制造这种“缘分”的关键是语言要真诚婉转，以情动人。如果我们能说些动情的话，打开客户的心结，那么成功开发客户的概率无疑会大大提高。与冷冰冰的销售言辞相比，热情、充满关爱的言辞有时更容易打动客户。然而在现实销售产品中，一些销售人员能言善辩，介绍产品时口若悬河，但在销售产品时却四处碰壁，其中，很大程度上的原因就在于此。

销售情景：

推销员与客户对话：

“我们现在不需要。”

“看得出您很忙！有您这样的人持家，您的家人一定十分幸福！”

“噢，谢谢！今天我丈夫不在家。”

“我听说了，我知道您先生是一位事业成功、在业界有影响力的优秀人士。那句话说得没错：‘每一个成功的男人背后都有一个伟大的女人。’”

“呵呵，哪里。我们对你的产品还是挺感兴趣的，等我丈夫回来后，我们一块儿去你那里购买。”

“好，谢谢！这是我的名片。”

分析:

从上述案例中,我们可以发现,这位销售员的话奏效了,他在面对客户拒绝的时候,仍然保持良好的态度,并对客户说了一些"动情"的话,从而获得了客户的认可,成功打动了潜在客户。可见,在与潜在客户沟通的时候,销售员不要以为自己的语句合乎逻辑就可以让销售工作顺利进展了,真正打动客户的是富有情感的话语。成功的销售员都会想客户所想,忧客户所忧,尤其对于那些感性的客户,这一方法总是更有效果。

每个人心中都会留有一片空地,专门为情感打结所用,所谓心有千千结并不夸张。推销员不是解开心结的人,但销售员必须知道,这结是情感的结,推销时要注意把握情感,做情感的"舵手"。

那么,在开发客户的过程中,销售员该如何用热忱的态度、"动情"的话,来感动客户呢?

1.关心客户身边的人

对于销售人员来说,具有良好的亲和力是能够与客户融洽交谈的必需要素。想要让客户感到亲切,亲近客户的身边人是一个不错的方法,客户的亲戚、朋友,尤其是孩子,都是你的好助手。在日常生活中,多研究儿童的心理,对你的推销大有帮助。

在日本,上午时家庭主妇多忙于打扫与洗衣服,这时候,她们多半不欢迎推销员,而有空闲应付推销员的时间大约是下午四点钟,因为这时正是婴儿睡觉的时间。

大吉保险公司的川木先生只要看到某户人家晒着尿布,就不会轻易按门铃,只是轻轻敲门,以示访问之意。当主妇前来开门时,他会用最小的声音向一脸狐疑的母亲说:"宝宝正在睡觉吧?我是大吉保险公司的川木先生,请多指教。"

任何母亲对这种细心的考虑都会充满感激,不是立即邀请他进来,便是在他重新来访时面带笑容地迎接。反之,如果大摇大摆地冲进去,只会被对方撵出去。

另外，我们一定要把话说得亲切、和蔼，这样才能使客户感到愉快，从而对销售人员产生信任。热情的语言决定了热忱的态度。

2.热忱

客户总是喜欢和热情、开朗的销售员谈生意，因为客户总是会把一个人的热情和其他一些品质联系在一起，如真诚、善良等，更重要的是，他们认为拥有热忱态度的销售员总是能带给他们快乐的感受和周到的服务。而同时，热忱的态度是一个优秀的销售员不可或缺的素质，可以这么说，如果没有热忱的态度，那么销售成功的概率就十分渺茫。热忱，是指一种精神状态，一种对工作、事业、顾客的炽热感情。美国著名企业家玫琳·凯女士说，对每个推销人员来说，热情是无往不利的，当你用心灵、灵魂信赖你所推销的东西时，其他人必定也能感受得到。

所以说，作为销售员，我们要把热情变成一种习惯，学会微笑，用真诚的微笑去感染他人。经常锻炼面部肌肉，随时都能出笑脸。

3.态度要诚恳

在与客户沟通的过程中，要让客户感到你是诚实的，客户是不愿意和一个虚伪狡诈的人沟通的。因此，销售人员说话一定要恰如其分，符合双方的身份，否则，就会引起客户的反感。

4.站在客户的角度说话，理解客户的情感

我们在与准客户沟通的时候，要站在客户角度，考虑客户的利益以及想法，多倾听他们的想法。可能客户一次两次不能接受，但只要我们真心付出，总会有收获的。

可见，我们的销售语言，直接关系到准客户对我们的印象以及我们的职业形象。能言善辩不一定就是优秀的销售员，销售员与客户结缘，也绝对用不上什么高深的理论，最有用的往往是那些最微不足道的家常话，这些话只要能说到客户的心坎儿上，就能打动客户，就能产生积极的效果！

讲解要耐心，展现出你良好的职业素养

每一名销售人员，都希望自己能顺利完成客户开发工作，进而为成功销售奠定基础，因为一旦销售业绩无法完成，就会面临许多困境——收入减少、地位下降甚至是失业。因此，在向准客户介绍产品的时候，我们多半是带着一种压力的，但是，欲速则不达。如果在销售压力之下不能保持一种耐心和从容，不顾具体的销售情境以及不同客户的特点而急于求成，往往会导致准客户的拒绝。更为重要的是，耐心地向客户讲解关于产品的知识，也是体现职业素养的重要方面，试想，当你对准客户的疑问不耐烦时，他又怎么会愿意与你合作呢？

销售情景：

化妆品销售员小王没有完成上个季度的销售任务，如果这个季度还完不成销售任务，就会被公司降级。于是，在这次登门拜访的推销中，她显得有些着急。

小王："今天我向您推荐的这套化妆品最近刚刚投入市场，也是我们公司花了几年的时间研制而成的，它不仅具有很好的美白功效，还能抗衰老。这套产品是我们这段时期销量最好的，客户口碑很不错……我看小姐的皮肤应该是中性的，这套产品非常适合您……"

客户："你刚说这套化妆品有什么作用？"

小王："我刚不是说清楚了吗？因为这款产品中含有从天然植物中提取的美白成分，可以从基因源头帮助您抑制黑色素。"

客户："我觉得我的皮肤不怎么适合……"

小王："您到底要买什么样的产品呢？"

客户："对不起，我现在很忙，以后再说吧。"

分析：

这则销售案例中，我们可以看出，到最后，这位客户已经拒绝了小王的推销，这是为什么呢？仔细看来，其实问题出在小王介绍产品的过程中：刚开始，她满腔热情地为客户讲解，但这位客户似乎并没有听懂，此时，小王已经显得不耐烦了，“我刚不是说清楚了吗？”但她还是说出了产品的功效，尽管这样，这位客户还是提出了异议，在这种情况下，小王似乎已经完全忘记了对方是被称为“上帝”的客户了：“您到底要买什么样的产品呢？”这一句话让客户彻底对小王失望了，于是，小王被拒绝了。

的确，现实销售中，当我们苦口婆心地为客户介绍产品，希望客户能被我们的介绍打动时，出于各种原因，有时可能是我们的介绍过于专业，客户无法理解；有时可能是客户对我们的介绍不感兴趣或者不信任，客户会对我们的介绍不置可否或者抱有不理解的态度。而此时，正是体现我们职业素养的时候，如果你能继续做到耐心讲解，那么，便会打消客户的芥蒂，被你吸引；而如果你和案例中的小王一样，性格急躁，那么，则会使得客户产生厌烦和警惕心理，达不到沟通的目的。

案例中，如果小王能这样回答客户的不解：“小姐，我看您一直沉默不语，想必心中已经有了心仪的化妆品，可以告诉我吗，您喜欢哪类的化妆品？我来给您详细介绍。”或者：“您这样认真地思考，我想您一定有什么特别的想法和意见，可以告诉我吗？我将真诚地为您提供服务。”这样说或许会出现完全不同的结果。

其实，为客户耐心讲解，是我们作为销售员的职责，对此，我们需要做到以下几点。

1.不要使用过于专业的语言

销售员在谈话时使用过于专业的产品术语，不但容易让客户产生疏离感，还可能使客户无法理解的我们。如果销售员在推销一些技术含量比较高的产品时，过于频繁地使用专业术语，不仅不能让客户更好地了解产品，反而会让客户一头雾水，从而使客户无法对产品提起兴趣。所以在与客户交谈时，销售员要尽量使用简洁明了、通俗易懂的语言，在客户心中留下一种平易近人的印象。

2.讲解不可喋喋不休

通用电气公司的一位副总经理曾说："在代理商会议上，大家投票选出导致推销员交易失败的原因，结果有 3/4 的人——也就是一多半的人认为，最大的原因在于推销员喋喋不休，这是一个值得关注的结果。"我们在向准客户讲解产品的时候，切忌喋喋不休，这往往会招致客户的厌烦。因为喋喋不休不仅是推销员职业素质的缺失，同时也是对客户不尊重的表现。同时，如果我们喋喋不休，也会使得客户失去提问和回馈意见的机会，这无疑会让客户感到懊恼，没有哪个客户愿意与毫不顾及自己感受的销售员谈话。

3.当客户产生不解时，停止你的介绍

销售员热情地讲解，却遇到客户的不解，这通常会使很多销售员束手无策，他们面对客户毫无表情的面孔不知道如何提问，只好硬着头皮继续介绍产品的功能、特点等，其实这种做法是大错特错的。如果你继续离去自己介绍，那么用不了两分钟，客户就会转身离去。此时，你应该做的是，停止你的讲解，回过头来询问客户的意见，这样才能了解客户的想法，哪怕客户的想法是不真实的。

4.适时沉默

任何沟通都是双向的。销售需要有好的口才，但决不可卖弄口才。许多销售员总是想用出色的口才来征服客户，用自己的巧舌将产品或服务的优势淋漓尽致地呈现在客户眼前，从而打动客户，但他们忽略了一点，那就是客户不仅需要购买产品或服务，还需要在购买的过程中得到一种良好的情绪体验。因而，销售员在与客户交谈时不仅要有度的表现，还需要巧妙的沉默。

5.语言表达清晰稳重

在销售中，语言表达的轻重缓急也是很有讲究的，该让客户听清的地方就要缓和一些，不重要的信息则可以一句带过。如果连珠炮似的大讲一通，客户就会感到一种急迫感，从而产生不信任。

总之，在与准客户沟通的过程中，不管对方的态度如何，我们都要戒骄戒躁，耐心讲解，向客户展示我们的职业素养！

用对销售语气，吸引客户与你深入交谈

当你鼓足勇气与客户对话，却被客户冷冰冰地拒绝时，你如何打开僵局？当你经过无数次碰壁，情绪已经降到最低点时，你如何再次去面对下一位客户……这类问题对于每一位销售员来说，可以说是家常便饭。此时，你是不是已经决定放弃？你会不会因为盲目而以同样冷若冰霜的态度面对下一位客户？面对这种冷遇和挫折，一个优秀的销售员往往会对自己微笑，调整好心态，带着微笑出现在下一位客户面前，然后以热诚、积极的语气成功吸引客户与并之交谈，继而为成功销售奠定基础。

销售情景：

原一平是日本著名的保险推销员。

有一次，他前去拜访一位客户。之前，他曾了解到此人性格内向，脾气古怪。见面后果真如此，他还清楚地记得那次他们谈话的情景。

“您好，我是原一平。”

“哦，对不起，我不需要投保。我向来讨厌保险。”

“能告诉我为什么吗？”他微笑着说。

“讨厌是不需要理由的！”他显得有些不耐烦。

“听朋友说您在这个行业做得很成功，真羡慕您，如果我能在我的行业也能做得像您一样好，那真是一件很棒的事。”原一平在说这些话的时候，语气温和，而且还是一脸的微笑。

听原一平这么一说，那人的态度略有好转："我一向是讨厌保险推销员的，可是今天我却不忍拒绝与你交谈。好吧，你就说说你的保险吧……"

显而易见，在接下来的交谈中，他们谈到彼此感兴趣的话题，都兴奋地大笑起来。最后，这位客户愉快地在保单上签上了他的大名并与原一平握手道别。

分析：

原一平成功的推销经验告诉我们，我们在开发客户的过程中，不管对方是什么态度，都要以良好的销售语气与之交谈，让对方看到我们良好的职业形象和职业素养。

作为销售员，怎样将产品销售出去是首要问题，但要把产品销售出去的前提是，我们要成功赢得准客户对我们的信任，这里，销售员是否具有良好的服务意识和习惯，决定了客户对销售员的信赖程度和认可程度。要知道，信任是成交的根本，所有的技巧都是对信任的推进，技巧可以缩短客户对你信任的过程，但是只有"心"才能让客户最终信任你。而这种信任，正是在我们与客户交谈的点点滴滴，包括我们经常忽略的销售语气中产生的。

那么，什么才是正确的销售语气呢？

1.让对方感觉到你的热情

热情是一个优秀的销售员不可或缺的素质，也是一个企业对所有员工最基本的要求。热情的销售员往往更容易博得客户的好感。有些销售员向客户介绍产品时，虽然非常努力，却仍然无法吸引客户，就是因为他们在介绍产品时缺乏热情，就好像一个学生在毫无感情地读课文，无论如何也不会吸引客户的注意。

可见，在与客户交流时，如果你语气死板，不苟言笑，客户是不会买你账的。也就是说，你没有热情，客户也会失去热情。因此，要调节好自己的情绪，尽可能地丰富你的面部表情，如果你希望靠热情来影响对方，你的面部表情就一定要丰富而诚实，要微笑。

2.发音要清晰

作为一名营销人员，吐字清晰、语言流利是从事销售工作的前提，这不仅是为了让对方能够很轻松地听懂自己的话语，也是为了能够很好地表达自己的专业性。

其实，清晰的发音跟语速有很大关系，如果语速较慢相对就会清晰一些。然而，现实销售中，一些销售员为了表现自己出色的口才，多半不会注意自己的语速。这里需要强调的是，宁可语速慢一些，讲话时多费一些时间，也要保持声音清晰。

3.谈话要有停顿

任何谈话，都需要一个表达和接受的过程，而这个过程多半体现在停顿上。适当的停顿可以让对方更好地消化你的意思，也有助于吸引客户的注意力，当然这也是留给客户的一个很好的提问时机，切忌自己滔滔不绝，不给客户说话的机会。

4.把握好语速

不同的人，在说话时会产生不同的效果。但有感染力的语言一般都是语速适中的。如果语速太快，对方可能还没有听明白你在说什么，你的话却已经结束了，这样会影响你与客户之间的沟通效果。但是，如果讲话的速度过慢，对方可能又接受不了，因为现代人的工作节奏都很快。

5.控制好音量

真正能对人产生良好听觉效果的声音很大程度上取决于音量。因为声音太大，首先会刺激人的听觉神经，时间长了就会降低听觉的灵敏度。其次，太大的声音对于人脑的听觉神经来说也是一种噪声，它会严重扰乱人的正常情绪，使人心烦意乱、烦躁不安。而声音太小容易使对方听不清或听不明白，甚至会因此而误解了你的本意，同时，说话音量小，还会给客户一种不自信的感觉。但是声音太大又显得对客户不太礼貌，所以说话时要控制好音量。

销售语气体现了我们的精神面貌和内心状态，甚至是职业形象，使用正确的销售语气，会让你显得容光焕发，精神抖擞，也会让客户感受到你的自信和专业素养，从而愿意与你交谈、交往甚至合作！

眼神要恳切，学会用眼神与客户交流

人是情绪化动物，一般来说，人们的情绪，包括喜、怒、哀、乐，往往会直接表现在脸上，尤其是眼神，它在一定程度上能反映出一个人的内心世界。这就是为什么人们常说“眼睛是心灵的窗户”。作为销售员，我们每天会接触到许多不同的人，在与客户交谈时，不仅要注意自己的语言和语气，还一定要注意与客户的眼神交流，这样才显得更真实。

就像一位销售大师说过的：没有眼神的交流，销售的语言是苍白的。的确，在销售中我们应该适时用眼神去和对方进行比语言更深层的交流。如果连销售员自己都闭着“窗户”，客户是不可能对我们打开“心门”的。你是否注意过，当你说自己的产品最好时，你传递出怎样的眼神？你在表示自己已经尽全力满足客户的要求时，又传递出什么样的眼神？有的时候即便你将自己的想法说出来了，别人未必能得听见。有时候你什么也没说，却有人“听见”了。医学上讲，眼睛是“五官之首”，是人类五官中最灵敏的。如果没有眼神的交流，我们与顾客的沟通只能算是“逢场作戏”。除非你对于工作也是“逢场作戏”的态度，否则我们必须拒绝这种“形式化沟通”。

因此，在开发客户、与客户交流的过程中，客户的眼神往往会告诉你许多不会用语言表达的意图，经常用眼神与客户交流就会把握许多成功的机会。

销售情景：

某服装公司的市场营销员小梁回忆自己一次与客户洽谈的经历：

“有一次，我在接待一位客户时，就面临了一个很尴尬的局面。当我们一坐下来，他就用很自信的眼神看着我，而我却没有正视他，只是低着头拿着笔在记录他的讲话内容。他笑着拿出几块针织面料，让我判断能否生产，有的我说可以，有的说不行。他拿出式样书说：每款3000~5000件，要我确认能否批量30天装船。老实说我心里没底，不敢轻易承诺，然而他却告诉我根据织布的生产周期、染色的生产周期、缝制的生产周期，应该可行。当我抬起头与他对视的时候，我发现他的眼神里充满了遗憾和对我的不信任，我再想据理说明，然而他已没兴趣再听了，于是他很有礼貌地收起了所有的资料。”

这件事以后，小梁反省：这哪是一场业务洽谈，简直是一场现场考试。本可以马上签下的订单，却因自己没有很好地了解客户的真实意图无果而终。

分析：

这里，我们回想一下，小梁的这次洽谈一开始就犯了一个严重的错误，就是没有与对方客户进行交流，无法捕捉对方语言以外的信息而造成了许多误会。客户向他提出一些问题，本意就是很希望与他合作，否则就不会有离开时那种遗憾的眼神了。的确，我们可以试想一下：当你低着头或眼神闪烁地与客户洽谈时，他会对你产生好感吗？他会相信你有能力胜任吗？他不相信你，你又没法了解客户的真正意图，更无法有针对性地加以说明，那么你们又怎么可能洽谈成功呢？

可见，与客户交谈，不仅仅是语言的交流，更应该用一种自信的眼神、信任的眼神、理解的眼神正视对方的眼睛，和对方作比语言上更深层的交流，这样才会给客户一种信任感、安全感。那么，具体来说，我们该怎样与客户进行目光的交流呢？

1.读懂客户的眼神，适时改变交谈策略

目光是人在交谈时，一种含蓄的无声语言，它往往可以表达用语言难以表现的意义和情感。其实在洽谈业务时，当你看着对方的眼睛时，会渐渐地发现客户的每一个意见、每一个态度都是先从眼神中流露出来的，客户的精神状态、赞同反对、不屑一顾，客户对产品的认可、不满意等统统会从眼神中流露出来，如果你不正视客户的眼睛，那么客户语言以外的信息你是捕捉不到的，无法了解客户真正的意图，往往会被客户的语言所蒙蔽，达不到业务洽谈的最佳效果。

2.交谈时眼神诚恳

与客户说话时，目光要注视客户；听客户说话时，要看着客户的眼睛，这是一种既礼貌又不易疲劳的方法，更是对客户的一种尊重。为了让客户对我们的谈话产生兴趣，需要用柔和友善的目光正视客户。与客户谈兴正浓时，切勿东张西望或看表，否则对方会以为你听得不耐烦，这是一种失礼的表现。

可见，我们在销售过程中，主动、热情、耐心、周到的服务态度，不仅要用口头语言来表达，还要通过眼神来传达，只有这样，才能达到最佳的交流效果！

◆第 2 章◆

用好朋友圈，最容易忽略的是身边的资源

在销售工作中，第一步就是要寻找客户，如果不知道潜在客户在哪里，那么你向谁去销售产品呢？可见，没有丰富和高质量的潜在客户，成功就无从谈起。但寻找潜在客户并不是要我们每天走街串巷地拜访，也并不是每天下班后还打几十次电话、翻上百页资料，我们应该有自己的客户寻找方法。我们也经常看到一些销售员为找不到客户而犯愁。实际上，你身边的朋友、亲戚、同事、同学、客户有时甚至是陌生人，都是你的资源，都应该是你人脉链中重要的一部分。只有学会充分利用你的资源，充分挖掘你的人脉，才能开发出你需要的客户群，为接下来的销售工作作好准备，取得良好的销售业绩！

亲戚应该成为你事业的起点

现实销售中，很多销售员在推销前，都会对客户资源进行一些定位，并作出种种理论性的判断，但无论如何，我们都必须抛弃这些纸上谈兵的东西，真正投入寻找潜在客户的过程中。但此时，我们又产生这样的困惑，“客户源在哪里，去哪里寻找潜在客户呢？”的确，每一名销售员，都深知潜在客户对我们销售工作的重要性。如果没有客户源，你向谁去销售产品呢？也就说，没有丰富和高质量的潜在客户，成功就无从谈起。

实际上，我们却忽略了身边最有力的人脉资源——亲戚，香港企业界流传着一句销售格言：“亲戚朋友是生意的扶手棍。”充分利用亲戚关系，是销售人员开发新客户的基本方法。亲戚永远都是支持我们的人，希望我们能取得事业上的成功。因此，从某种意义上来讲，亲戚是我们第一可开发的客户资源。但如何让这些亲朋好友成为我们的客户，还要考验我们的口才，一个会说话的销售员，往往能在三言两语间说服亲朋好友，让他们成为自己的支持者。

销售情景：

陈兴是一名自动化专业的高材生，志向远大的他希望在毕业后有自己的自动化公司，但他也清楚，一切得从基层做起。于是，毕业后，他便委身于一家中型自动化公司从事智能家居的销售工作。但这毕竟是一种新型家居模式，因此，做起销售来也并不如想象中那么简单。

刚开始工作的几天，为了寻找客户资源，陈兴不断拜访公司的前辈，甚至包括那些已经不在职的销售员，但并不奏效，那些前辈们对他的请教只是敷衍了事，并未透露一个客户名单。后来，陈兴又去上网查资料，可是，还是没找到什么有用的资料。

接连几个星期的“战斗”，已经让陈兴疲惫不堪，他也产生了放弃的念头。

这天晚上，他跟往常一样，拖着疲惫的身体回到家，倒在沙发上，没精打采地对母亲说：“我想放弃这项工作了。”

“为什么？出什么事了？怎么上班还几天就说不干了呢？这可不是你的作风！”母亲提出一连串的质疑。

“我也知道，我现在所做的工作是为了锻炼自己，为以后创业打基础，但做销售最重要的就是有客户源，可是我一个新手，到哪里去找客户呢？本希望那些老前辈们会透露一点，但他们一个字都不愿意跟我说。”

“那你就从别的方面下手啊。”

“这点我知道，但我从事的这种销售，与普通的销售有所不同。这种产品价值不菲，谁买的时候，都会再三考虑，所以，销售起来也就很困难。”

“我倒想起来有个人可以帮你。”母亲提示道。

“谁呀？”

“你舅舅呀，你忘了他有个装修公司？给人做装修，可以顺便介绍客户给你呀，现代社会的人，在家具方面可是逐渐走智能化和现代化的路线了，一定会有人购买的。”

“对呀，我怎么没想起来呢？”

陈兴就给舅舅打电话。陈兴的舅舅当即答应帮陈兴的忙。巧的是，过了几天，陈兴就得到了舅舅的回复，很多人愿意尝试这种智能家居。后来，陈兴逐渐利用舅舅的人脉关系，挖掘到很多的新的客源，他的生意也因此火了起来。

分析：

案例中，销售员陈兴在从事智能家居的销售之初，因为找不到客户资源而苦恼，甚至产生放弃的念头，但庆幸的是，母亲的话点醒了他。他很快找到了可以解决问题的方法——从自己的舅舅开始，逐步开发客户资源。这一方法很奏效，陈兴的生意自此有了起色和突破。

的确，我们发现，那些成功的销售人员，大多数是爱动脑筋、富有创意的人，他们善于用独到的方法开发新客户，他们没有反复研究公司那些陈旧的客户名单，而是走出公司，并从身边的亲戚开始，因为一般情况下，亲戚始终是支持我们的，所以，我们起步也会更轻松。

那么，我们该如何从亲戚开始挖掘客户资源呢？

1.常联系，关心你的亲戚，并让他们知道你的近况

通常来说，向我们的亲戚推销，比向陌生的客户推销容易得多。因为亲戚喜欢你，相信你，希望你成功，他们总是愿意帮你。但前提是，你要懂得“人情先行”这个道理，没有人喜欢与“无事不登三宝殿”的人来往，你的亲戚也是。为此，你要从内心真正关心他们，并且常联系他们，让他们知道你的近况，知道你正在从事销售行业，有新的产品。

从现在起，与他们联系吧，告诉他们你已经开始了一项新职业或开创了新企业，你希望他们与你分享你的喜悦。

2.将最优越的产品推销给你的亲戚

虽然我们的亲戚会无条件地支持我们，但如果你向他们推销的是质量不过关或者价格昂贵的产品，那么，你失去的不仅仅是一个客户，还有亲戚的信任，从亲戚中开发客户资源这一优势也就丧失了。

因此，你可以尝试向他们推荐你确信的好产品，以此获得亲戚的积极回应，并成为你忠实的顾客。

3.以你的每个亲戚为客户中心，扩散客户源

不管你的亲戚有没有购买需求，你都要联系他们。寻找潜在顾客的第一条规律是不要假设某人不能帮助你建立商业关系。他们自己也许不是潜在客户，但是他们也许认识会成为你客户的人，不要害怕要求他们推荐。你要取得他们的同意，与他们分享你的新产品、新服务以及新的构思时的关键语句是：“因为我欣赏您的判断力，我希望听听您的观点。”这句话一定会使对方觉得自己对你很重要，并愿意帮助您。

总之，从亲戚开始挖掘客户资源，需要我们先与亲戚联系，再以亲戚为中心，将客户资源逐渐扩散开来。但这中间，需要我们维护好和亲戚的关系，一个令人憎恶的人，是很难得到他人帮助的！

让朋友助你一臂之力

很多销售人员，尤其是刚入行的销售人员，都有一种积极向上的心态，但事实上，他们的销售业绩并不好，很大原因在于他们的销售方法过于盲目，毫无目的性，他们采取乱撒网的方法，导致时间一天天过去，却没有收集到有效的客户信息，反而把自己的身心搞得非常疲惫。有这样一句话，选择比努力更重要，方法比激情更有效。当你“销售无门”的时候，你是否想过求助你身边的朋友呢？要知道，任何一个人，即使他的人缘再差，也有一两个朋友，你可能找不到客户源，但你的朋友呢？你朋友的朋友呢？只要你不限制自己的思维，就可以发挥朋友的作用，让朋友助你一臂之力。

销售情景：

老苏因为公司裁员失业了，还不到四十岁的他总不能在家闲着，再说，孩子还需要大笔的学习和生活费用。为此，爱面子的老苏居然在家人的“鼓动”下，干起了女性化妆品的销售工作，这让老苏很头疼：一个大男人推销化妆品，谁会买呢？正在老苏打退堂鼓之时，他的妻子给他上了一课。

“我反正是不干了，这一个多星期了，也没一个客户。”老苏抱怨道。

“那你就主动找客户啊。”

“哪有那么容易！我以前没做过这行，再说，我个一大老爷们儿，卖化妆品，更没有客户了。”

“我看你这人，就是个死脑筋，客户是不会自己找上门来的，你需要动脑筋。谁说男人不能卖化妆品了？再说，我不是有很多朋友吗？你那些朋友的妻子、女儿不也是女性吗？”

“你的意思是？”

“很简单，你的确没有做过化妆品销售的工作，但是你的人脉还是很广的，尤其是朋友，一人拿一套化妆品，你的生意就开始了，然后，你可以再以这些朋友为跳板，再拜托他们帮你推销，你说呢？”妻子解释道。

“是啊，我怎么没有想到呢，我看你倒是一个做销售的好手。”

说干就干，老苏第二天就发动起了朋友，这些老朋友一听老苏在做化妆品销售，都主动为自己的亲戚朋友买了些，不到几天的工夫，老苏就打开了销售局面。随后，老苏在妻子的点拨下，以每套化妆品百分之三的提成让朋友帮忙卖，这下子，老苏的生意就更红火了。

分析：

这则案例中，老苏初入化妆品销售行业，因为没有客户源而销售无门，但庆幸的是，他的妻子及时让他看到了希望——他没有客户但有朋友。于是，他们发动这些朋友购买产品。而难能可贵的是，老苏在获得朋友的帮助后，还主动以百分之三的利润让周围的朋友助自己一臂之力。在这样的利益驱动下，朋友们自然不会拒绝。

在实际销售过程中，一些人在挖掘客户资源的时候绞尽脑汁，却忽略了朋友这一有利资源。俗话说“一个好汉三个帮”，有时候，当我们束手无策的时候，只要我们向朋友求助，他们是非常愿意帮助我们的。当然，这并不意味着朋友助我们一臂之力就一定会成功，我们还要懂得经营自己的人脉，学会在销售过程中发挥自己的口才，具体说来，我们需要做到以下几点。

1.敢于向朋友推销

可能有些销售员认为，向朋友推销是一件丢脸的事，这是因为你害怕被朋友拒绝，而实际上，向朋友推销被拒绝的可能性远远小于陌生人。一般情况下，朋友存在异议的可能会小很多，这是因为他们是你的朋友，他们希望你事业有成，希望你做成生意。因此，如果你希望自己在销售行业有个好的开始，就不要害怕向你的朋友推销。

2.站在朋友的角度推销

向朋友推销产品，更需要用心，否则，你失去的不仅仅是一单生意，还可能是一个朋友。为此，我们不要为了推销而推销，而应该真正考虑朋友的需要，在推销前不忘告诉你的朋友："因为这的确是一件好事情，所以我第一个想要告诉的人就是你。相信我没错的。"你的话如果赢得了朋友的信任，朋友自然会爽快地购买。

3.让你的朋友为你做兼职推销员

不管你的朋友有没有购买需求，都要联系他们。

总之，要让你的朋友助你一臂之力，除了要在日常生活中维护好友谊之外，更需要掌握一些推销和说话的技巧！

巧借同窗情铺开销售之路

我们都知道，在销售过程中，一切销售活动都是由寻找潜在客户开始的，否则，一切都无从谈起。在确定了你的市场区域后，就要寻找潜在客户并和他们取得联系。如果不知道潜在客户在哪儿，你向谁销售产品呢？从某种程度上说，销售人员的大部分时间都是在寻找潜在客户。但成功的销售员并不是天生的信息专家，也并不是每个销售员都会这样幸运：你的上任或者公司会给你一个名单，让你有一个好的开头。开发客户尤其让那些销售新手苦恼，但我们可能忽略了一点：为什么不从人数众多的同学中开始入手呢？

销售情景：

现在的刘瑞，已经由一名汽车销售人员晋升为销售经理了。在每年的年会上，刘瑞都会煽情地说出这样一段话："提到业绩，我不得不想起我的同学们，在这里，我由衷地感谢他们。

“可能你们会问我为什么要这么说。你们还记得吗？当初刚来公司的时候，我的主要工作是销售汽车。那时，你们问我为什么总是工资不够花，那是因为：不是今天这个同学结婚送礼，就是明天那个同学家里需要钱。但正是这些付出，才使我有了今天的成就。正是这些同学帮了我。有一次，我翻看了一下以前的业绩表，我发现，里面的客户大部分都是我的同学，而剩下的也是我的同学介绍的客户。可以说，这些年我的业绩和现在的成就都是这些同学的功劳。我常常和那些销售新手说，与其在外面辛苦地寻找客户，还不如从身边的人开始挖掘，我们可能没几个朋友，但同学间的关系是我们可以改善的，只要我们经常和这些同学联系，主动帮忙同学，多关心同学，那么，他们一定很乐意为我们的业务提供帮助。”

分析：

案例中，刘瑞的一番话很有道理。有时候，我们费尽心思地寻找客户源，却忽视了我们身边最庞大的人脉资源——同学关系。要知道，一个人，无论你的人际关系如何，无论你的性格如何，自从你上学开始，就注定会与某些人成为朋友；而且，随着上学时间的增长，你的同学也会逐渐增加。但可能你也会发现，一旦毕业，随着时间的推移，我们逐渐疏远了这些朋友，甚至与他们断了联系。你不妨想一下，现在保持联系的同学还有多少呢？如果我们能利用这些同学关系，我们的准客户数量也一定会随之递增。即使你的人缘再不好，也有一两个关系好的同学，同学还有家人和亲戚，这些都是你的资源，一个带一圈，这就是你开发客户最快速的办法。你的第一个同学可能不需要你的产品，但是你能肯定同学的同学、同学的朋友不需要吗？去认识他们，你会结识很多人。

那么，具体来说，我们该如何利用同学关系挖掘最庞大的客户群呢？

1.多参加同学聚会

我们一旦毕业，参加了工作，为了联络感情，我们时常会参加一些同学聚会,可能有些人认为,聚会上聊的都是些不痛不痒的问题,比如,哪个同学发达了,哪个同学结婚了,哪个同学出国了等,其实并非如此。同学长时间不见,即使曾经专业相同,但随着时间的推移、经历的不同,对同样的问题大家站在不同的角度,往往会有新的观点,新的思路,多听听这些观点可以弥补自身的盲点。在工作上、生活上遇到难题,也会有更全面的解决办法。而对于从事销售行业的人来说,聚会更是联络感情、挖掘客户资源的好机会。当然,我们参加聚会之前,首先要进行一番了解,比如你的哪个同学从事的行业与你所销售的产品有关系,你就要有的放矢地与之联系,获得他们的帮助。当然,与这些同学维护感情,不要表现得过于功利,不然会让对方有种“无事不登三宝殿”的感觉。

2.多利用培训机会

从事销售工作的过程中,我们常常会参加一些销售行业的培训课程,我们可以利用这些机会,在培训机构以同学的身份,快速结交朋友,促成订单。

当然,我们还要注意:最好不要让培训机构知道你的单位,要知道,维护企业形象,掩饰自己的销售目的,对你以后“间谍生涯”的“持续经营”还是很重要的,到时你就可以坐享“收成”了。

只要你善于研究,就会发现,你的同学是个庞大的潜在客户群,在他们当中,可能有人需要你的产品,或者他们知道谁需要。在从同学中寻找客户的过程中,你的任务就是沟通,让他们知道你、了解你,这将为你开启机会的大门!

身处异地,乡情亦是突破口

很多销售新手,当他们处于陌生的大城市时,当他们必须面临将产品推销出去的境况时,他们会产生这样的感叹:“到底客户要怎么找?怎么样才能找到准客户?我都磨破嘴皮、跑断腿了,能想的办法都想过了,连睡觉都在想怎么开发客户，就是找不到精准客户，都快坚持不下去了。”其实，你是否想到过，在这个城市，你并不是孤独的一个人，你还有很多老乡，你可以让他们“罩”着你。中国人常说：“老乡见老乡，两眼泪汪汪。”人们都有恋乡情结，尤其是处于周围都是陌生人的环境中，遇到老乡会倍感亲切。当你销售无门、找不到客户资源的时候，你可以另辟蹊径，动用你的老乡情分，那么，你的销售面将不断扩大。

销售情景：

保险推销员李文被公司的人称为“神人”，每月公司的业绩排行榜上，他都是月销售冠军，似乎就没有他推销不出去的保险，这一点让很多同事羡慕得红了眼。到底李文有什么秘诀，大家都想探个究竟。

这天下午，同事们正准备出去工作，却看见李文和市里的某个财富大亨——某煤老板在一起，这让他们很诧异：李文怎么有这能耐？

于是，等这位煤老板走后，大家在会议室门口堵住了李文：“你小子，告诉我们这是什么情况？”

“什么什么情况？”

“你还装傻？你和这煤老板怎么认识的？难不成你还把保险卖给他了？”大家一连串疑问。

“你们说李哥啊，那是我哥们儿，我们老家是一个镇上的，后来我在北京做销售的时候，在一次老乡会上，我无意中知道他也是山西××县的，就主动结识了。李哥人很好，对我们这些老乡，也很照应，我每月没有你们努力，但销售业绩一直很好，就是因为李哥一直为我介绍客户，刚刚和他一起的，正是他给我介绍的客户。”

“有这样的老乡真好啊，我以前怎么就没想到呢？”一个同事说。

“是啊，我以前老觉得参加老乡会是件费神费钱的事，现在看，说不定还可以挖掘点潜在客户呢！”

……

分析：

我们可以发现，案例中的保险推销员李文是聪明的，他和他的同事寻找潜在客户的方式完全不同。当他在一次老乡会上发现这位拥有雄厚资金和人脉的煤老板是自己的老乡时，他便以此为突破口，找到了一条寻找客户源的门路。可能人们都知道山西煤老板有着巨额的资金，经济实力雄厚，投保自然不会没有资金，但似乎很少有推销员想到利用“老乡情”来进行推销。

的确，无论哪个行业，都会有竞争存在，你采用这样的方式挖掘客源，别人也会。打个很简单的比方，你打电话给客户，别人也会。那该怎么样才能抓住机会呢？其实，你不妨另辟蹊径，转换开发客户资源的方式。要知道，你身边的有些资源是独特的，是其他销售员所不曾有的。这其中，就包括你的老乡。

那么，我们该如何动用老乡情来挖掘客户资源呢？

1.多参加同乡会

正如案例中李雯的同事们所想，一些销售人员认为，参加同乡会，费钱又费神，但实际上，他们多半忽略了同乡会的作用。同乡会，其实是一个很好的销售平台，如果你能够很好地利用这个平台，这个平台确实商机无限。

可能你会自责：你怎么能赚同乡的钱呢？但你的钱不想给同乡赚，那么，你想让谁赚你的钱呢？对于老乡或者朋友，要大大方方地赚他们的钱。价钱可以优惠，打折，但服务不能打折，相反，最好“加料”。而且，一旦你的产品和服务得到了同乡们的认可，他们还会为你介绍新客户，你的业务就会不断扩展。

2.平时多关照老乡

任何人脉都需要投资，你必须懂人情先行的道理。出门在外，大家要互相照应，如果你的老乡需要你帮忙，你不主动出手，就意味着你断了你的这条“老乡推销”路。如果我们能在平时多关照老乡，关心老乡，自然会得到老乡的认可，他们也没有理由拒绝购买你的产品，甚至还会主动帮你推销，成为你的兼职推销员，因为谁都希望自己的老乡发展得好，这样自己也有面子。

3.结识老乡中能“罩”得住你的人

可能你会说，我不认识××呀，人家是名人！但××一样不认识你。所以，你想认识他，很简单，主动出击，为彼此制造认识的机会。要想给他留下一个深刻的印象，更简单，多接触就是。一旦结识了老乡中有影响力的人，那么，你无异于有了个“罩”着你的靠山，你的社交圈子会马上随之扩大，自然就会财源滚滚！

总之，从事销售行业，就是要靠关系，所以人际关系更是不可忽视。建立好的人际关系，我们可以从老乡开始，最有效的方法就是要多参加一些老乡活动，多露面，多跟一些中心人物接触。

怎样挖掘新客源

通常意义上来讲，销售员与客户之间的关系是以买卖为依托的。因此，一些销售员会误认为，只要客户付款购买，就意味着与客户的关系已经终结。实际上并非如此，我们若能充分利用好与客户的关系，挖掘新的客户源，我们的生意就会越做越广。因为客户购买了我们的产品，说明他们已经认可了我们的产品和服务态度。此时，只要我们善于说一些具有诱惑力的话语或者做一些有效的行为，让客户认为帮助我们挖掘新客户，是一件值得的事，他们一般都会主动为我们提供帮助。

现实销售中，作为销售新手，一般都羡慕那些从事销售工作多年的前辈们，这不仅仅是因为这些前辈有丰富的销售经验，还因为这些前辈经过多年的摸爬滚打，有了广大的客户关系网，那些忠实的客户会介绍一些潜在的客户给他们。他们的推销工作也就越来越顺，业绩也就相应地越来越好。而我们有没有想过，这些前辈也是由销售新手逐步走过来的，这些资源都是他们从一个个客户开始慢慢培养出来的。

的确，客户是最好的证人，因为客户的一句话，胜过我们销售员的千言万语，那些客户都是一个个活生生的例子。为此，如果我们想扩大客源，不妨与老客户建立良好的关系，让他们设身处地地为我们做一些事情，帮助我们树立口碑。

销售情景：

齐藤竹之助是日本著名的保险推销员。他最初外出推销时，就下决心每年都要拜访一下他的每一位客户。因此，当齐藤竹之助向家乡的一名地质系学生推销价值10000日元的生命保险时，便与他签订了“终身服务”合同。

这名地质系学生毕业之后，进入了地质行业工作。齐藤竹之助又向他售出了价值10000日元的保险。后来，他又转到别的地方工作，但不管他到哪里，齐藤竹之助每年至少跟他联系一次，即使他不再从齐藤竹之助这里买保险，仍然是齐藤竹之助的一位客户。只要他还可能购买保险，齐藤竹之助就必须不辞辛劳地为他提供服务。

有一次，这名地质系学生参加一个鸡尾酒晚会。有一位客人突然痉挛起来，而这个小伙子，由于学过一点护理常识，便自告奋勇，救了这位客人一命。而这位客人是一位千万富翁，于是便请这位小伙子到他的公司工作。

几年之后，这位千万富翁准备贷一大笔钱用于房地产投资。他问这位小伙子，“你认识一些与大保险公司有关系的人吗？我想贷点钱。”

这时，小伙子一下子想起了齐藤竹之助，他马上打电话告诉他：“齐藤君，您在这个行业已经做了那么长时间，我也知道您的业务做了很大，您能否帮我老板一个忙？”

“他难道有什么麻烦吗？”齐藤竹之助问。

“他想贷2000万日元用于房地产的投资，您能帮帮他吗？”

“没问题！”

“还有一点，我必须要说明，齐藤君”，他又补充道：“我老板希望这是一个秘密，也希望您能够帮我们保守，其实这也是我们特意找您的原因。”

“这个你放心，这可是我一贯的工作准则。”

挂完电话之后，齐藤竹之助跟一些保险公司打了几个电话，安排其中一个保险公司的人与这位富翁会面。不久以后，这位富翁便邀请齐藤竹之助去他的一艘游艇参观。那天下午，齐藤竹之助向他卖出了价值2000万日元的保险。

分析：

从齐藤竹之助这次销售案例中我们可以发现老客户的力量。老客户虽然不能持续在销售人员这里购买产品，但使用过我们的产品，能将这一心得与感想告知其他人。如果他对产品和服务满意，并将这些心得转述给自己的家人、朋友等，那么，我们的好口碑就树立起来了。这不仅为我们的产品做了广告，另一方面他们也能帮助我们挖掘更多的潜在客户。很多销售人员拼命开发新客户，拼命打广告，却忽略了最大的销售力量——老客户的口碑。

齐藤竹之助的方法值得我们每个销售员学习。我们在请求老客户帮助我们提供新的客户资源时，如果也能够说些诱惑力的话语和做些实事，那么，客户也一定乐意帮助我们。具体来说，我们要做到以下两个方面：

1.帮客户做点实事

我们总是羡慕那些与客户关系处得很融洽的销售员，这是因为他们真正地把客户当朋友，主动关心客户。他们只要卖出产品，便经常给客户打电话，关心客户的使用情况，如果出现问题就会及时帮助客户解决。长此以往，当客户感受到你真诚的关心时，必然十分感动。这样就能大大增加客户再次购买或转介绍的概率。销售员也可以向客户介绍新的客户，帮助他们获得新的销售机会。销售员在条件允许的情况下，还可以向客户承诺为其提供一些额外服务，当然前提是不损失自己和公司的利益。

2.对老客户要经常表示感谢

我们经常对老客户表示感谢，他们才乐意持续帮助我们挖掘新客户。

比如，你可以说："真谢谢您，这笔生意对我来说，真的太重要了。"这样简单的一句话对于老客户的维系却很关键，既增加了老客户的信心，也让客户助人为乐的天性得到了满足，这样老客户才会继续转介绍，转介绍的顾客又会变成老客户，我们的生意才会越做越广。

另外，无论我们采取什么方法让老客户为我们介绍新客户，都必须要记住一点，那就是必须处理好与客户的关系，与他们交朋友，得到他们的信任，甚至欣赏，这样才有可能通过他们找到新客户。

街坊四邻是很大的客户资源群

销售过程中，我们经常会为找不到潜在客户而犯愁，我们也经常羡慕那些总是能不断获得销售机会的人，但如果你细心一点，就会发现，他们有个"不为人知的秘密"，就是他们把销售真正带入了生活中。他们善于发现，即使在日常生活中，即使在与邻居闲谈的过程中，他们也能发现有利于销售的契机，并获得街坊四邻的帮助。

的确，中国人常说"远亲不如近邻"，如果你乐于助人，如果你在日常生活中能与街坊四邻互相照应，那么，你就能获得街坊四邻的好评。当你有求于他们的时候，他们自然会伸出援助之手。如果你的邻居能为你的产品作宣传，他们的宣传力量远比我们强势的销售手段有力得多，也是最能直接产生效应的。所以，让你的邻居帮你作宣传，是拓展业务最有效的方法，远胜过自己叫卖。

销售情景：

王林是一家电子配件公司的销售员，他住进现在这个小区已经三年多了，和周围其他年轻人不同的是，他很安静，平时也不怎么带朋友回家闹腾，也不开什么聚会。平时下班后，没事儿，他就去小区散散步，或者与长辈们聊天、和孩子们踢球等。久而久之，小区里的人都认识他了，说小王这个小伙子人不错。

这天下班后，疲惫的王林刚做好饭，正准备打开电视机。这时，有人敲门，是隔壁的周阿姨带着孙女来了。

“小王啊，我们家玲玲有道数学题不会，你看能不能……”

“当然可以了，又不是什么大事儿，您先坐会儿，玲玲，你过来……”王林赶紧说。

不一会儿，题目就讲完了。这时，周阿姨随便聊到：“小王啊，晚上吃什么呢？”

“就随便吃点啊。”

“那怎么行呢，年轻人工作累，身体得照顾好，吃饭可不能随便对付啊。”

“累是累，可是也没心情吃饭啊。”

“怎么了？小王，工作上有什么不顺心的事吗？”

“不瞒您说，做销售这一行，最头疼的就是产品卖不出去，这直接和自己的业绩有关；而这卖产品，最重要的就是寻找客户，我手头上最近这批货，正不知道往哪里销呢？”

“也是啊，做哪行都不容易。对了，小王，你卖的是什么产品？”

“电子配件。”

“是不是就像手机电池之类的东西啊。”

“是的。”

“我倒有个亲戚，他开了个手机维修门面，估计应该需要这方面的配件，我帮你问问他？”

“是吗？要是这样就太好了，太谢谢您了，周阿姨。”

几天后，这位周阿姨把自己的亲戚和小王都约了出来。很快，小王就成功卖出了这批配件。

这件事以后，小王发现，只要自己脸皮“厚”点儿，敢向这些街坊四邻提出帮他销售的事，他们都很乐意。这样一来二往，与街坊四邻的关系也比以前更亲密了。

分析：

在这个推销实例中，我们发现，销售员王林在无意中就推销出去了一批产品。当然，他的邻居周阿姨愿意主动帮忙，主要也是因为王林懂得如何为人处世，从而获得了街坊们的认可。随后，当王林发现借助街坊四邻的力量，可以更加轻松地找到潜在客户后，他便以此为途径，在与邻居们的你来我往中，不仅做成了生意，还拉近了彼此的距离。

当然，邻居们愿不愿意帮你作宣传，就得看你和他们的关系了。如果你的品性、态度和行为能获得邻居们的肯定和赞赏，再加上产品和服务各方面都让你的邻居们很满意，那么，只要你敢于向邻居们开口，他们是不会拒绝帮你作宣传的。如果刚好他们周围的朋友要找类似的产品，他们也会义无反顾，因为他们也想让朋友获得同样的满意期望值。

具体来说，我们可以这样让街坊四邻帮我们宣传。

1.与邻居们多走动，密切个人间的交往

我们不要为了销售而销售，你希望获得街坊四邻的帮助，也不可过于世故。在生活中，也要多和邻居们走动，多和周围的邻居们交朋友，一旦你的邻居从心里认可你，就会自然而然地将自己的朋友介绍给你。除了日常生活中你需要多关心你的邻居外，还可以在特殊的时间，比如，在节日里为你的邻居们准备个特别的小礼物，礼物虽小，却能密切你们之间的关系。

2.敢于开口，主动要求街坊四邻帮我们宣传

有时候在销售中，我们和客户宣传我们的产品和价格如何如何好，但在他们看来，这有点像王婆卖瓜自卖自夸。可是如果这些话从第三者口中说出来，含金量就不一样了，它能产生一种强势的信任感和说服力。

很多销售员认为要人帮忙介绍客户是一件很难开口的事，因为他们觉得这对自己的名声很不好。其实这是错误的，只要让别人帮忙的说法适当，寻求客户的技巧也会大有改善。

因此，总的来说，让街坊四邻帮我们作宣传，建立和完善与街坊四邻的关系是极其重要的。它极有可能是通往其他业务的渠道网络，帮你抓住更多的客户和订单，直接帮你带来利润！

巧妙搭讪每天都遇到的路人

中国人常说“多个朋友多条路”，这也已经是无数成功者的切身体验和宝贵心得。一个善于结交朋友、累计口碑的人，不仅会处处受欢迎，而且遇难有人帮、办事处处通，毫无疑问，此人在生意场上也一定会多几分胜算。同样，营销实践证明，凡准客户资源越多的营销伙伴，多数是广泛利用转介绍这一神奇杠杆，使准客户用之不尽、取之不竭，源源不断。那么，朋友从何处来？很简单，任何友谊的得来都要经过相遇到相识再到相知的过程。那些我们每天都会碰到的路人，其实从某种意义上来说，我们已经相识了，那么，何尝不跨出第一步，与之结交呢？有时候，几句简单的搭讪，都会为你带来很好的销售契机。

销售情景：

周末，陈晓来到商场，准备为自己添置一双鞋。来到某品牌专柜，她左看右看，也没看到合适的。正准备离开时，她发现迎面走来的一位女士很面熟，仔细想了想，原来大家都在同一座大楼上班。出于好奇心，陈晓决定看一下这位女士会挑什么样的鞋。于是，她继续假装看鞋。

“小姐，你这双高跟鞋打不打折，啷个那么贵？”这位女士一口重庆腔。陈晓一听，原来是老乡，禁不住想过去和她说几句话，但这未免显得唐突，只好作罢。

“不好意思，我们这里的鞋子全部正价。”

“可是一般的专卖店也会打八折，一双鞋子八九百，实在是有点贵撒。”

陈晓也用重庆口音加入了对话。听到陈晓的回答,对方似乎很吃惊,但立即表现出很高兴的样子,对陈晓说:“你是重庆哪里的?在北京做什么工作啊?”

“江津的,做化妆品销售工作。对了,您是不是在××大楼上班?我以前好像见过您,还不是一次两次呢?”

“是撒,我自己开了个保健品公司。”

“相比之下,我就自愧不如了,同样是重庆来的,我还只是个护肤品销售员呢!”

“没啥子,我当初也是这样一步步走过来的,你还年轻。对了,我们交换一下电话吧,以后有事要找我啊。”

“您不说我差点忘了……”

就这样,陈晓和这位老乡认识了。后来,她们成了很好的朋友,她还帮陈晓介绍了很多客户,因为关注保健的那些女士通常也很在意自己的皮肤。

分析:

案例中,我们发现,销售员陈晓因为机缘巧合,在商场看见了面熟的陌生人。此时,我们可能会擦肩而过,但她却产生了结交的欲望。在发现对方是自己的老乡时,双方的距离一下子拉近了很多,于是,她们留下了联系方式,并很快成为好朋友,而这也为陈晓的销售工作带来了新的局面。

《红楼梦》的作者曹雪芹说过:“世事洞察皆学问,人情练达即文章。”从某些方面来讲,也说明我们若要做一个优秀的业务员,就要留意身边的每一个机会,有时候在看报纸或与别人闲谈时,或者与别人吃饭时,甚至是他人不经意的一句话就可能让我们有所收获,发现目标。对于我们每天遇到的路人,只要我们懂得灵巧地搭讪,也有可能与他们结交,甚至成为朋友,继而帮助我们寻找到新的潜在客户。

在电梯里，在公共汽车上，在餐厅里，你有没有尝试着和身边的人交谈？无论做什么生意，你都会发现和身边的人进行交谈是一件非常有趣的事情。如何结识周围的陌生人，是专业销售人员必须训练的技巧。

如何有意识地去处理与别人的偶遇呢？

首先，我们承认并不是每次机会都会带来销售业绩，即使如此，我们有什么理由不去尝试而让这个机会溜走呢？

当你碰到一个人，他走进了你的五步范围，此时，机会就来了，你应该做的是热情友好地介绍自己，接下来，你应该问及对方的工作以及偶遇的原因等。善意的对话使对方积极回应，再接下来，话题会转到你的工作等，你的任务是将名片递给他们。几乎没有人会对你的热情和名片有异议，接下来你会发现对方开始问你的工作和你的产品等一系列问题了，你需要的不正是对方的这些问题吗？你微笑着告诉对方："我猜想，可能某一天有为您或者是您的朋友服务的机会，为此事先致谢。"

准确地将这些话语和当时的气氛配合起来。"我猜想"听起来一切都是自发的、自然而然的；"事先致谢"说明你为人礼貌；"有可能"显示一种谦逊的态度；"某一天"使得你不至于被搪塞到遥远的将来。"为您服务"把潜在的顾客置于重要的位置，他们觉得自己对你很重要，很可能采取行动帮助你。

通常会出现下面三种情况，哪个行动都对您有利：

他们同意打电话与您进一步讨论。

同意让您打电话给他们，进一步讨论。

他们不感兴趣，但将帮助您向感兴趣的人推荐。

现在您得到了什么？认识了一个您几乎没有可能认识的人，得到了一名潜在客户并被推荐给别的潜在客户。当然，寻找准客户的方式、方法多种多样，只要我们认真总结，积极探索，逐步积累，根据客户的实际需要不断改进，必能实现业绩的新突破！

多和常光顾的店铺老板联络感情

在销售过程中，开发客户的重要性早已毋庸置疑，但开发客户并不是每天走街串巷地拜访、乱撒网，也并不是每天下班后还打五十通电话，翻一百页资料，而是要讲究一定的章法。事实上，不论你是否刚刚接触销售，你都要明白，借助私人交往，你将更快地进行商业联系。找到你的潜在客户，不但要考虑生意中认识的人，更要将开发客户的工作深入到生活中，甚至那些你经常光顾的店铺老板，都可能是你生意上的“贵人”，会为你带来一些潜在的客户群。

生活中，我们每天都免不了出入一些店铺，比如购买生活用品。通常来说，这些店铺的老板接触的流动性人员较多，社会接触面较广。因此，如果我们与他们多交流、套套词儿，他们很有可能会帮助我们介绍一些潜在客户。

销售情景：

方先生是一名保险推销员，他有个爱好，不管心情好不好，每周都会去大学路的某个酒吧喝上一杯，哪怕一个人，他也觉得是一种享受。更奇怪的是，他似乎喜欢上了吧台角落里的那个位置，因为在那个位置，他能更清楚地思考自己的工作、生活和人生。

随着时间的推移，酒吧的老板发现了坐在角落里的方先生，并开始注意他，虽然他从未打扰方先生。

这天，方先生还是和往常一样，一天的奔波之后，他来到了这家酒吧，坐在了那个位置。方先生今天心情不好，因为他这段时间的业绩不好，受到了领导的批评。方先生心里抱怨：现在推销保险已经不是那么容易的事情了，而且，上哪儿去找客户？因为心里不痛快，方先生喝完一杯后，又要了一杯酒，这时候，酒吧老板走过来，对方先生说："你今天有什么不高兴的事吗？"

"你是？"方先生很吃惊地问道。

"这家酒吧是我开的，因为你是我的常客，我就留意了一下你，你今天肯定不开心。"

"是啊，您猜得很对，我今天是遇到了一些问题。"

"什么问题？"

"不瞒您说，我是做保险推销的，您也知道这个行业很难，我现在已经两个月没有推销出去保险了，我们经理今天已经批评我了。"

"我能了解，不过遗憾的是，我这个酒吧已经买过保险了，不然我一定买您的保险。"酒吧老板很遗憾地说。

"没事的，您不必抱歉，我已经很感谢您的安慰了。保险行业开发客户本身就是件很不容易的事，现在我的那些朋友和亲戚一看到我，都不怎么愿意与我说话，因为他们觉得我会向他们推销保险。"

"那您的事业真的是遇到瓶颈了，不过我的一些朋友好像需要买保险，我可以帮你问问。对了，我最近有个朋友要开一家娱乐城，我觉得你可以去问问他。"

听到这句话，方先生的瞳孔都放大了，他立即说："您说的是真的吗？那真的要麻烦您引见一下了。"

很快，方先生在酒吧老板的引见下，认识了一些新的客户，这些客户很给酒吧老板面子，大部分都购买了方先生的保险。

分析：

我们发现，案例中的方先生在失意之时，因为机缘巧合认识了他常去的这家酒吧的老板；而这位老板很明显是他事业上的贵人，帮助他寻找到了很多潜在客户，迎来了他保险推销工作的春天。可见，有时候，如果我们能细心一点儿，把销售工作融入到生活中，和常光顾的店铺老板聊聊天、套套词儿，你同样会"无心插柳柳成荫"，成功开发新的客户资源。

当然，任何人都不会无缘无故地和我们站在同一战线上，如果你希望这些经常光顾的店铺老板能帮助你，那么，就要懂得实施一套套说话技术。或者套出对方的潜在需求，让他们成为你的潜在客户，为下次购买带来契机；或者以利益为引导，让他们心甘情愿地帮助我们介绍新客户。具体说来，需要我们做到以下几点：

1.从老板感兴趣的话题入手，加以引导

一般而言，人们对陌生的推销员总是心存戒备，往往以没有时间、不需要等原因将他们打发走。因此，我们在和店铺老板交谈时，可以不提销售，而是从对方感兴趣的话题，比如“最近生意怎么样”入手，一般情况下，这一话题都会引起他们的关注，以此，我们便能成功打开对方的话匣子，进而有利于双方的沟通。

2.告诉对方，你是他忠实的客户

对于这些你经常关注的店铺，在购买东西的时候你可以这样说：“我就是喜欢在您这儿买东西，其实我不住这附近，但听说您诚实守信，东西质量信得过，所以我每次都到这儿来。”这样说，就等于在告诉对方，你是他们最忠实的客户，也无形中把对方赞美了一番。

3.敢于要求，让对方为你留意潜在客户

一般来说，店铺老板所接触的人远比我们多，我们不认识的人，他们可能认识；我们不知道的领域，他们有可能知道。为此，我们不妨大胆开口要求，希望他们多为我们留意，当然，提出这一要求的前提是你们已经不是陌生人，而是有一定的关系基础。

总之，在日常生活中，在和常光顾的店铺老板交谈时，如果销售人员能做到积极猜测、大胆询问、学会套话等，就能获得对方的信任并能了解他们内心真正的需求，让他们成为我们的潜在客户并让他们帮助我们挖掘新的客户资源！

突发情况下，该怎样接近你的客户

在开发客户的过程中，我们发现，对方似乎总有拒绝我们的理由，“不好意思，我现在不需要”、“不好意思，我现在很忙”等，甚至有的会说“搞什么呀，浪费我的时间”等。为什么客户会拒绝我们，很简单，因为客户对我们有种先入为主的抗拒心理，认为我们是为了销售而销售。因此，如何接近客户，与客户面谈销售，是销售员头疼的事情。

我们都知道，在社会交往中，人们往往重视第一印象。所以说推销产品首先要推销自己，如果客户对销售人员不信任，就不可能相信你的产品，更谈不上购买你的产品。有时候，刻意接近客户会遭到拒绝，那么，我们不妨制造点突发事件，让我们的接近显得自然，让销售水到渠成，进入白热化阶段。可见，聪明的销售员不是口若悬河的辩士，而是一位善于运用心理策略的谋士。

销售情景：

叶子是保险公司的推销员。她在推销保险上，有一套自己的心得，比如每年的“五一”、“十一”、“春节”长假，她都会抛下所有工作，去全国各地旅游，看上去叶子是在旅游，但实际上，她是为了工作，为了开发客户，这到底是怎么回事呢？

有一年国庆，叶子随着旅行团来到北京。可是，第二天，叶子就把钱包弄丢了，此时的叶子已经身无分文，而她在北京又没什么朋友，此时，她想起来，公司曾经有个客户是北京的。于是，她给这位客户打电话：“张姐啊，我是××公司的小叶，是这样的，我这次到北京来旅游，可是今儿刚第二天，我就把钱包弄丢了，我在北京一个朋友也没有，就只认识您了……”一番话说完后，张姐立即去酒店把叶子接到家住，还陪叶子在北京玩了几天。叶子临走时，张姐还为叶子买了很多生活用品，把叶子送上车。这件事之后，叶子和张姐的关系亲密了很多。张姐一到云南，总会去找叶子。而叶子呢，也因为张姐打开了北京的销售市场。

经过这件事，叶子想，这何尝不是个开发客户的好办法呢？于是，叶子对那些潜在客户的资料进行了一番研究，并趁节假日旅游的时间，制造点突发事件。而奇怪的是，这一方法居然百试百灵，现在，叶子已经是保险推销行业的佼佼者了。

分析：

案例中，叶子寻找准客户的方法值得我们效仿。在开发客户的过程中，刻意的接近会让对方对我们心生防备，甚至拒绝我们；而这种制造突发事件的方法，则减少了这种刻意性，对方接受起来也会容易得多。当然，制造突发事件的方法是多种多样的，我们可以根据具体的环境来设定。

美国前总统里根，不仅是位卓越的总统，也是一位伟大的沟通家。他曾经这样说：“您在游说别人之前，一定要先减除对方的戒心。”任何人和陌生人见面，总会有几分戒心，因为面对未知，人的内心是恐惧的，只有先消除对方的恐惧，打开对方的心房，才能够进一步与之交流。因此，第一次与客户接触时，只有迅速地打开潜在客户的“心防”，才能敞开客户的心胸，客户才可能用心听你的谈话。打开客户心防的基本途径是先让客户产生信任感，接着引起客户的注意，然后是提起客户的兴趣。

销售商品前，先销售自己。接近客户的第一个目标就是先将自己销售出去。通常来说，有以下三种制造“突发事件”的方法。

1.困境求救法

案例中的叶子采取的便是这种方法。当自己处于困境时，如果你向某个潜在客户开口并获得对方的帮助，那么，你们之间的交往就变得名正言顺了。随着交往的深入，你们之间的关系也会逐渐亲密起来。成为朋友之后，销售就变得简单了。

2.“特殊日”送礼法

没有人会拒绝他人的友好，因此，销售人员利用赠送礼品的方法来接近客户，以引起客户的注意和兴趣，效果也非常明显。

在销售过程中，销售人员可趁着节日或者产品回馈日等机会向客户赠送适当的礼品。在选择礼品之前，销售人员要了解客户，投其所好。但是，销售人员赠送礼品不能违背国家法律，不能变相贿赂。尤其不要送高价值的礼品，以免被人指控为行贿。

3.雪中送炭法

顾名思义，就是当对方需要帮助的时候，销售员能及时站出来，为他们提供帮助。对此，需要我们在日常的工作和生活中多留意，在他人需要帮助之时伸出援助之手，多结善缘。

当然，以上三种接近客户的方法，是销售员接近客户最常用的，如果能够综合使用，效果会更好。

借助他人向你问路的机会进行推销

销售工作中，不管我们遇到什么难题，都要意气风发、斗志昂扬，每天与客户促膝交谈，了解情况、搜集信息，精心筛选准客户，实施有效的公关策略。然而，在实际工作中，好多销售员跑断腿、磨破嘴，绞尽脑汁，用尽办法，却难以找到准客户，最终因客户枯竭，经营艰难，甚至销售失败。而实际上，我们发现，那些成功的销售员在寻找准客户的过程中，都有个共同的特点，就是细心，他们不放过身边任何一个开发客户的机会，甚至问路的人，他们也会积极回应。因为他们知道，即便一个路人，也可能为他们带来丰富的销售资源。

的确，在日常生活中，我们经常会遇到问路的人，可能粗心的我们会表现出不以为然的态度。实际上，这对于我们寻找潜在客户，也是一个不可多得的机会。

销售情景：

医疗器材推销员陈先生曾经经历过这样一件传奇的事：

有一天，他和往常一样，带着资料，准备去某小区推销医疗器材，他知道，很可能这又是一次无用功。但他还是硬着头皮，决定出发。

当他拦下一辆出租车，正准备上车时，一个老太太抢先说："先生，不好意思，能让我先坐吗？"

陈先生是个好心的人，自然答应了："没事，我不急，您先坐吧。"

老太太投来感激的目光，这时候，司机问："老太太，您这是要去哪儿啊？"

"××路 27 号。"

"我们这儿没有这条路，您是不是记错了？"

"没错，我儿子告诉我的就是这条路。"

"我看你没有记清楚，您还是下去吧。"说完，出租车司机让老太太下了车。陈先生原本准备上车，但看着老太太无助的样子，就问："请问您这是要去哪儿啊，我在这个城市生活了几十年，您说的××路的确没有，您儿子有没有给您留下纸条什么的？"

"有的，您帮我看看。"说着老太太拿出了一张纸，上面写的是另一条路 27 号。陈先生明白了，估计老太太看错了。

"老太太，您要找的这个地方从这儿走一条街道就能找到，您不必打车的。"

"可是我不认识路啊。"

"要不，我送您去吧。"

就这样，陈先生将这位老太太送到了目的地。到了之后，陈先生才了解到，原来老太太从乡下来城里投奔儿子。儿子在城里混出了一番成就，要把老母亲接到城里，但因为工作繁忙，就把地址给了老人。

这件事之后，老太太的儿子对陈先生很是感激，留下了陈先生的联系方式。让陈先生没想到的是，在问询了陈先生的工作之后，对方立即提出要为老人购买一台按摩器。

后来的几天里，陈先生陆续接到一些自动上门的客户电话，而这些客户，都是由这位老人的儿子推荐的，这令陈先生很感慨：没想到，帮人指路，也指出了一条销售之路。

分析：

我们发现，案例中的这位陈先生，可谓“无心插柳柳成荫”。一次偶然的机会，他遇到了这位需要指路的老太太，而正是因为他热心的帮助，赢来了对方的感激，作为回报，对方便主动购买他的产品并为他介绍客户。假设当时陈先生拒绝了老太太的求助，那么即使他可能做成其他一笔小生意，却损失了这个客户包括后来客户推荐的很多新客户，孰轻孰重，明眼人一看就知道了。

当然，生活中，并不是每个人都会有陈先生这样的机遇。但开发客户，要做到的就是事无巨细，如果有人向你问路，你万不可一笑置之，而应该趁机抓住这个机会。要知道，面对你的“帮助”，对方是心怀感激的。此时，如果你能和对方聊聊家常、谈谈工作，那么，很有可能会挖掘出你需要的信息。另外，在这个过程中，我们还需要注意以下几点。

1.热心帮助对方“指路”

试想一下，别人向你问路，如果你爱理不理，甚至不予理睬，那么，别人也会以同样的态度对你，你还有可能通过他获取某些商业信息吗？当然不可能！因此，我们想获得问路人的帮助的前提是，热心帮助他们！

2.不要忘记留下对方的联系方式

通常情况下，对方向你问路，一定是有事在身，所以，他们是不希望与你细聊的。此时，聪明的你就要在聊天时，找个合适的理由，留下对方的联系方式，比如你可以说：“王先生，今天和您的偶遇让我收获颇丰，关于××的问题，我还有很多想知道的地方。我看您今天也有事在身，要不，您留个联系方式给我吧，下次再请教您，不能耽误您的正事啊！”

3.聊天之初不要暴露自己的销售员身份

很简单，如果你刚认识对方，就亮出自己的底牌，很可能会让对方觉得你的帮助是有目的的，为此，你不妨先和对方聊一些无关痛痒的话。比如，对方的职业、爱好等。当然，我们也不能打听对方的生活隐私。谈话过程只有顺其自然，才会达到我们想要的结果。

总之，开发客户不是盲目寻找，而要细细寻找，积累更多的有利于我们的销售信息，进而有的放矢，这远比毫无目的地上门推销要省力得多！

◆第 3 章◆

细作市场调查，根据需求划定你的客户圈

现代社会，在竞争激烈的商界，作为销售人员，我们要想成功开发新的市场，获得准客户，就必须要在开发新市场前对整个市场作深入细致的了解和调查研究，否则，哪怕是再有经验的销售人员也难免会迷失航向。当初青岛啤酒三进济南，前两次均以失败告终，就是因为没有考虑到济南人的趵突泉情结；“非典”战役，为什么有的企业能够早期预见而大发“非典”横财，而有的企业却迟迟没有动作，仅仅是企业内部的市场反应速度问题吗？当然不是，因为缺乏市场调查，缺乏一个好的营销战略！可见，市场调查有时就像广袤海面上的一盏导航灯，帮助我们寻找前行的方向。当然，市场调查有多种调查途径和方法，我们不妨进行一番整合与运用，进行全面的市场调查，才能在风云变幻的市场环境里准确决策，顺水行舟！

市场调查能帮你划定客户圈

孙子兵法曰:知己知彼,百战不殆。销售人员要想成功地开发新市场,除了要进行充分的相关准备,还应对所计划开发的新市场进行周密的调查和了解,也就是人们常说的“市场调查”。当今营销,市场调查已被广泛应用于终端消费品领域,它是运用科学的方法,有目的地、有系统地搜集、记录、整理有关市场营销的信息和资料,分析市场情况,了解市场现状及其发展趋势,为市场预测和营销决策提供客观、正确的资料。

我们都知道,任何产品的销售,都是以市场为基础、以营销战略为导向的。营销战略制订的根本是什么?市场信息。而从市场信息的分类来看,内部信息比较容易得到,从企业内销售统计就可以获取;但对于外部信息,则需要收集多元化的信息反馈。因此,任何产品的销售,都离不开市场调查。

销售情景:

小陶是某智能玩具公司的市场营销员,作为新手,公司给他划分了一片区域。小陶明白,只有完成这一销售任务,才能在公司站稳脚跟,因为作为销售人员,良好的业绩才是硬道理。

但情况似乎没有小陶想象中那么简单,一个星期下来,小陶走遍了这片区域的大街小巷,敲开了很多陌生人的门,但都被无情地拒绝了。为什么呢?小陶对此很纳闷。

有一次,小陶还是和往常一样,敲开了某住户的门,小陶向对方介绍了公司的智能玩具,对方很感兴趣,但一提到价钱,对方很果断地关了门,将小陶的激情扑灭了。这时,小陶突然明白了,普普通通的老百姓,谁有能力为孩子买个上万元的玩具呢?

于是,回到公司后,小陶和经理探讨了这个问题。最后,小陶申请经理为他再划一片高档住宅区进行销售。另外，针对先前推销过的这片区域，公司决定先进行市场调查，然后再生产相应价位的玩具。

果然，从这以后，小陶在推销时顺利多了。而小陶也因此得出了一个结论：磨刀不误砍柴工，在开发客户前一定要进行市场调查，否则，就像一只无头的苍蝇，找不到销售的突破口。

分析：

案例中，销售员小陶在进行客户开发时，屡遭拒绝，但后来，他及时发现了问题所在：他所负责的这片区域的人们对于这种价格昂贵的智能玩具没有购买能力。于是，他也及时调整了自己的销售计划。而他得出的这一结论——“磨刀不误砍柴工，在开发客户前一定要进行市场调查”也是正确的。

营销战略在现代营销中的重要性已经毋庸置疑，那么，一个好的营销战略，需要哪些方面的信息去支持它？市场调查中又应该调查哪些信息？概括起来可以定义为以下四个方面。

1.风土人情

任何产品都处在特定的宏观经济环境和自然环境中。在实际营销中，只有审时度势，才能制订出切实可行的营销战略。这里所说的风土人情包括当地的人文环境、所处地理位置、人口数量、经济水平、消费习惯等。

2.市场状况

（1）行业总体供需状况。社会总供给等于社会总需求，但对于特定的行业来说，其供需状况反映了该行业的竞争程度，是企业新品上市、产业介入的重要依据。

（2）产品的供需结构。特别对于一些小型企业来讲，如何及时有效地调整产品供需结构，集中资源，以小胜大，市场调查就显得尤为重要。

（3）影响行业供需变化的因素。这是研究整个行业发展变动趋势、进行正确市场预测的重要基础。例如，对于中国纺织市场，国际配额的取消、WTO 的深入、纺织关税的进一步降低……将给纺织业带来什么影响？

3.客户状况

通过直接或间接的方式，了解当地经销商的状况，包括产品经销商及本品潜在的经销商。对产品经销商要了解市场动态、与厂家合作的程度等，对本品潜在经销商要分析其是否具备作为代理商的标准，即良好的信誉、健全的网络、足够的仓储空间、雄厚的资金以及合适的人力、运力等。

通过以上市场调查，其目的是熟悉市场行情，掌握客户资料，确定潜在目标客户群。在寻找潜在客户的方式上，可采用“由下而上，追根溯源”的方法，此方法由于间接得到，且来自一线，因此，更便于把握事实真相，找到合适的客户。

做好利益与风险评估，心里更有谱

任何一个企业，包括销售人员，都必须面临新市场、新客户的开发问题；同时，新市场开发的成效与质量的好坏，对一个企业的成长及营销人员的个人提升至关重要。对于销售新手来说，客户开发的多寡与好坏更是衡量个人能力的唯一标准，由此可见新市场和新客户开发的重要性。但正因为如此，作为销售人员，在开发客户的过程中，我们更需要规避一些市场风险，做好利益与风险分析。

实际上，现代社会，从政府部门到企业，从公众人物到平凡百姓，任何组织与个人都无法回避机遇带来的风险，如何将企业风险降到最低程度，也是一个销售人员在开发新客户和新市场的过程中不可避免的挑战。

销售情景：

小齐是一家纺织公司的营销员，最近他遇到了一个大单子，他从朋友那里听说，某外商要高价购买一批质量上乘的布匹。于是，他把这件事情告诉了销售主管，主管一听很高兴，并决定将这件事交给小齐处理。

小齐虽然和很多年轻人一样,平时大大咧咧,但工作的时候,还是很严肃的。他并没有急着和这位外商接洽,而是通过各种渠道了解了这位外商。他惊奇地发现,这位外商个人信誉不是很好。为了更清楚地摸清这笔买卖的风险性,他和这位外商见了一面,聪明的小齐发现,这个所谓的外商似乎很急于和自己成交,这就更加验证了小齐的顾虑。

回到公司后,小齐把自己的想法告诉了主管,主管称赞小齐:"年轻人心思细腻、考虑周全,不错!"最终,他们商量,放弃这笔生意。

结果,正如小齐所料,不到一个多星期,行业内传来一个消息:自己的竞争对手被这位外商骗了,收到首笔款子的外商竟然失踪了。

分析:

案例中,销售员小齐的做法是正确的,做生意一定要尽量规避风险,不能做亏本买卖,也不能让企业蒙蔽损失。古人有云:凡事预则立,不预则废,演绎过来就是不打无准备之仗。因此,要想成功开发新市场,仅仅具备良好的心理素质还不行,还要作些充分的"战前"准备。那么,作为一名营销人员,应该如何为企业减少风险、赚取最大利润呢?

1.将相关资料准备充分

恐怕现实销售中,不乏这样的销售人员,他们满怀信心地向客户推销,但一旦客户问到相关系列产品的价格、性能,销售员竟然给忘记了,更有甚者,竟然拿出记录簿,很难想象这样的销售人员能够成功开发新市场。

因此,为了避免出这样的"洋相",销售人员在开发新市场前,一定要做足资料准备工作,其中包括公司的发展历史、产业结构,产品价格、营销政策等,并带齐所需的资料、名片、样品等,并要熟记在心,知道什么时候该去进行哪一项工作。这样做,最重要的是能帮助我们更好地面对在开发市场的过程中遇到的各种问题。

2.多种市场调查方法并用

调查方式很多,常用主要有以下几种。

(1)专业刊物、杂志。一般来说，每个行业，都有比较专业、权威、时事性的杂志和刊物，可以说，这些杂志和刊物会在第一时间内刊载行业内的最新动态，比如国家相关的法律法规、行业规定以及业内近期比较有影响的大事件等，对其作用，营销人员不可小觑。

(2)行业专业网站、客户或竞争对手企业网站等。在信息化的今天，网络已经成为最快捷、最直接、最有效的工具之一。

(3)行业展会。这是一种面对面与客户沟通的机会，这种调查方法，能帮助营销人员搜集最真实的客户资料和信息，而对于竞争对手，同样也能获得某些了解。

(4)问卷调查。这种调查方式更适合于某些工业品的调查，特别是在对交易市场的调查中，通过问卷我们可以非常容易地了解到市场中的经销商、客户等的构成，交易量的大小等信息。同时，通过专业媒体也可以作问卷调查。

(5)专家访谈。通过对企业高层、院系教授等业内专业人士的访谈，可以及时了解业内一些前沿信息，甚至个别主要竞争对手的详细信息。

(6)企业内部销售人员的搜集。内部市场一线人员搜集的信息会更准确，更全面。

(7)其他形式。如电话访谈、向专业的市场调查公司购买资料等。

另外，我们还应重点做以下几个方面的调查。

第一，资信调查，也就是调查潜在客户的信用等级。

第二，赢利能力调查，主要调查准客户最近三年的利税额、销售利润率等财务指标。

第三，抗风险能力调查，主要调查准客户抵御风险的能力，如对“速动比率、资产负债率”等指标的调查。

第四，发展趋势调查，主要是了解准客户近期是否会扩大生产规模、是否会上新的设备、是否会转产等。这些都是我们降低合作风险、扩大合作范围和深度的重要依据。

要知道,没有经历危机考验的企业不算真正成功的企业,而没有危机意识的销售员更不能成为优秀的销售员,成功开发新市场是销售人员的天职,但做好利益与风险分析更是一个销售人员的职责。我们只有整合多种调查途径和方法,进行全面的市场调查,才能在风云变幻的市场环境里准确决策,顺水行舟!

探访现有客户,了解客户的购买动机

我们都知道,并非所有的潜在客户都能成功地开发为客户。当你发现一个新客户时,首先应该尽快地确定对方是否有购买动机,只有有购买动机的潜在客户,才能开展工作,进行开发。那么,如何了解客户的动机,就成为我们需要解决的问题。通常来说,在进行市场调查的过程中,我们可以"窥一斑而见全豹"——探访现有客户而明了新市场的客户动机。

销售情景:

瑟琳娜是一家化妆品销售公司的新手。最近,公司为她划定了一片新的销售区域,这篇区域处于市中心,因此,瑟琳娜想把客户定位到年轻的白领女性。

这天,瑟琳娜趁着午休时间,来到这座位于市中心的写字楼,对这些年轻女性推销化妆品。但奇怪的是,她们似乎对瑟琳娜的化妆品一点儿兴趣也没有,还没等瑟琳娜开口,她们就拒绝了。刚开始,瑟琳娜认为这是个案,就连续推销了几家公司,可奇怪的是,这些女孩都是同样的态度,这让瑟琳娜很苦恼,回来后,她将这件事告诉了自己的同事。

同事说:"你应该去搞清楚原因。"

"可是我该怎么知道呢?"

"你有朋友在那儿上班吗?"

“没有啊。”

“那客户呢?”

“你倒提醒了我,我有个客户,跟我关系不错,到现在还在联系呢。我可以问问她。”

在朋友的提醒下,瑟琳娜找到这位客户。这位客户告诉她:“可能你对现在高收入的年轻女性不怎么了解,很多时候,她们购买产品,已经变成了一种时尚和品位的追求,所以,她们对于这种不是正规商场的化妆品,很难接受。”

原来是这样,在得知这些年轻时尚女性的购买目的是求胜之后,瑟琳娜想出了一个办法:先获得上级批准,将每套化妆品的价钱提高百分之二十,采取各个击破的方式,即在她们不聚集的时候推销。比如,告诉某个女孩:“昨天您好几个同事答应购买这套产品,但还没提货。如果您也订购的话,我一会就给您提货……”奇怪的是,她这个方法还真对一些女孩起到作用了。

分析:

案例中,我们发现,化妆品销售员刚开始因为没有把握潜在客户的购买动机而被拒之门外。后来,经过现有客户的点拨,她找到了问题出现的原因。于是,她采取了一些有效的措施,进而成功打开了这片市场。

经常有销售员郁闷地问:“为什么我在开发新市场的时候,总被潜在客户拒绝呢?”有人回答:“因为销售员没有找准客户的购买动机。”然而,通过现有客户了解潜在客户的购买动机,也并不是轻而易举的事,这需要与现有客户建立良好的关系。由于每个人的个性不同,而且喜好标准也不一样,应对方法当然要因人而异。

1.掌握几点常见的购买动机

客户需求的层次性与多样性,决定了他们购买动机的复杂性。一般来说,常见的购买动机有以下几种。

(1)求实。顾名思义,这是以注重商品的实际使用价值为主要特征的。通常来说,大部分客户购买产品都有这一动机。因为人们在购买产品的时候,多半都会考虑产品的某种功能,以满足自己的需求。

这类客户以中老年人为主,他们对商品的购买表现得比较成熟,比较注重产品的质量、使用的可靠性、耐久性,而不太注意产品的外观,他们往往不为潮流和广告的宣传所驱动。商品的性价比、使用成本、服务等都是这类客户考虑的重要因素。

(2)求新。某些客户在购买产品时,更注重产品是否迎合时尚潮流、是否新颖,而对产品的性价比以及产品功能的考虑相对较少。他们以经济条件相对较好的青年男女为主,是新潮家电、服装、电子产品的主要购买对象。

(3)求胜。这类心理多半发生在那些爱争强好胜的客户身上。他们购买商品并不是因为急需,而是为了赶上、超过他人,求得心理上的满足。高档品牌的产品是这类客户追求的对象,他们对产品的商标、品牌、产地、厂家有特殊偏好。

除此之外,还有求美动机等。客户的购买动机往往是由两种或两种以上动机相互作用、交织在一起的。

2.与现有客户交朋友

与客户成交后,我们可以与客户交朋友,而不要把关系局限在工作上。在一些非正式的社交场合,也应该尽量多地与现有客户进行互动,如打高尔夫球、旅游等。另外,还可以尝试给客户送一份特别的礼物,但一定要在合适的环境下,提出恰当的理由,千万不要让人感觉你在拍马屁。例如,如果客户是一个棒球迷,你可以送给他一个棒球,上面签满你们销售员的名字,并写着“谢谢您帮助我们团队”。如果客户成为你的朋友,对于你的问题,自然会爽快地帮忙。

3.敢于主动让现有客户帮你剖析问题

很多销售员觉得向现有客户提出销售方面的问题是一件很难开口的事,因为他们觉得这对自己的名声不好。其实那是错误的,只要说法适当,只要与客户的关系良好，他们是乐于帮助的。

总之，如果现有客户对你没有十足的信任，对产品没有高度的认可，对服务没有百分百的满意，是不会帮助你探求新的潜在客户的购买动机的。只有真心诚意地为客户着想、为客户服务，才能得到客户的肯定与赞美，客户才愿意帮助你开发新的市场。

互联网是寻找客户的一个快捷通道

在信息时代的今天，网络是最快捷、最直接、最有效的工具之一。作为一名市场开拓者，销售员同样要对网络引起重视。网络市场调查已经成为现代企业和销售人员在开发市场的过程中使用的主要调查方式之一。这是对市场和商情的准确把握，是现代商战中对市场态势和竞争对手的一种电子侦察。通过在线调查或者电子调查表等工具，不仅可以节省线下调研所需的大量人力、物力与实施时间，而且可以在线生成市场调研分析报告、趋势分析图表等。其效率之高、成本之低、节奏之快、范围之大，是传统调查方式所不及的。这就为广大商家提供了一种市场的快速反应能力，为企业的科学决策奠定了坚实的基础。

销售情景：

这天，销售员玲玲从公司举办的市场调研会回来后，正辛苦地整理收集到的资料。同事阿英走了过来，看到忙得焦头烂额的玲玲，就站在旁边没说话。突然，她很诧异地说：“天哪！”这一声惊叫，让正在潜心整理资料的玲玲吓了一跳：“你吓死我了，怎么也不吱声啊？”

“你在做什么？”

“整理市场调查的数据和文件啊。”

“你可不要告诉我，你一直以来都是拿这种调查报告去应付上面的！”

“当然，难道你的市场调查报告是抄来的不成？”玲玲一脸疑问。

“当然不是，我的意思，你不知道现代社会有种叫网络的东西？”阿英反问玲玲。

“你的意思是？”

“我看你是落伍了，现代社会，上网已经成为人们的一种主要娱乐方式。既然这样，我们何不通过网络来作市场调查呢。而且，网络上有各种计算、生成数据的工具，我们整理和形成结果的过程也相对容易得多。”

“我怎么没想到呢？那网络市场调查该怎样作呢？”玲玲很欣喜的样子。

“其实，这不难……”

分析：

这个案例中，销售员玲玲在同事阿英的提醒下，找到了更为轻松的市场调查方式——网络调查。的确，随着信息技术的发达和网络的盛行，这种调查方式的重要性日益凸显，它不仅能为企业节省调查成本，还能为销售人员节省很多精力。但很多销售人员会产生和玲玲一样的疑问，如何作好网络市场调查呢？具体来说，我们需要做到以下几点。

1.实施一些诱导措施

网络营销中用户数据搜集与挖掘具有重要的商业价值。但要成功实施在线的用户数据搜集，则需要多种诱导措施。比如许可邮件营销、有奖调查、价格优惠调查等，并且需要对这种调查采用报道、发帖、邮件、明确通告等形式予以推广，方可聚合一定的接受调查的用户，以获取第一手有效数据。

2.对潜在客户进行互动与自动化为核心的关系管理

在网络市场调查中，通过潜在客户的关系管理，能了解他们的需求以及对现有购买状况的意见，提升客户资源的整体价值，并帮助企业有序地监控订单的执行过程，同时有助于避免销售隔阂，帮助企业调整营销策略。收集、整理、分析客户反馈信息，支持企业管理层的决策行为，帮助企业提升核心竞争力。

3.建立企业的网络品牌，区别于或不落后于竞争者

目前各行业、各领域的竞争越来越激烈，我们除了要在现实销售中与竞争对手“真刀真枪”地进行“对决”，还要在网络宣传上做到位。要知道，掌握更多有效的、新的市场占领工具，对于中小企业突围无异于增效添“翼”。

4.让网络中的潜在客户了解到你的产品

网络市场调查由于依托互联网这种通路展开，非常利于拉近客户之间的距离，让使用互联网的潜在用户方便地找到自己，并通过完整的自主门户让用户清晰地了解企业能够提供的产品类型、质量、技术参数、价格以及信誉、企业历史、简介、客户案例等。

兵法云“谋定而后动”，凡事预则立，不预则废，新市场开拓亦是如此。每开发一个新市场，必须有明确的思路和战术。以前大多数业务人员在进行市场拓展与客户洽谈时，一般采用打电话、发传真、邮寄资料、陌生拜访等方式。而引入网络营销后，邮件群发、短信群发、社区发帖、媒体报道、博客写作、电子杂志广告等多种手段对客户开发将起到显著的推动作用。如果能综合应用，统筹于某种品牌、事件、话题之下，其产生的效应将会进一步放大。

了解你的竞争对手，不打没把握的仗

现代社会，在浩渺无边的商海中，各式各样的产品充斥在人们的视线中。而拥有最终选择权的消费者又因为喜好、消费观念、经济实力等问题各有偏好。于是，看似平静的商业航道往往暗流涌动。而作为冲在航道最前面的营销人员，如果没有前期对整个市场深入细致的了解和调查研究，哪怕再有经验也会迷失航向。此时，市场调研便成了广袤海面上的一盏导航灯，帮助我们寻找前行的方向。而在市场分析中，最重要的莫过于对竞争对手

的了解，古人云："知己知彼，百战百胜。"对竞争对手做到细致入微地了解，才能帮助我们作出更全面的销售决策，才能帮助我们抵御来自竞争对手的"攻击"。

销售情景：

赛文是某品牌橄榄油中国市场的营销总监，虽然这种橄榄油已是国际市场的著名品牌，但是在中国市场尚不具备一定的知名度。因此，赛文仍将其视作一个刚进入市场导入期的新产品，并为此安排了为期两个月的市场调研活动。这样做有两个好处，一方面，为他们进行全国市场的开拓奠定了基础，另一方面，又为他们加盟专卖店及经销商进行了示范，可以提供有针对性的指导。

为期两个月的市场调研活动结束后，赛文开始了这种橄榄油的试营。但一个月下来，业绩令赛文大跌眼镜，居然离自己预料中的销售业绩相差甚远。到底是什么地方出了问题？一次，在开会时，一个下属提到了"竞争"一词，惊醒了赛文，原来是这样！于是，接下来，赛文重新筹备了一次市场调研，这次调研，他强调一定要多从同行业的竞争对手着手。果然，在新的调查报告中，他发现了很多自己以前没发现的关于国内这个行业的竞争问题。

后来，赛文重新制订了一份销售计划。这份计划，综合考虑了很多情况。接下来试营业阶段的销售额，证明了赛文这一调整的正确性。

分析：

这则案例中，从销售总监赛文调整销售计划这件事上，我们能看出在市场调查中对竞争对手了解的重要性。在市场调查中，我们要做到科学、系统、严谨，越是全面的市场调查，越能帮我们制定出全面的销售战略，从而在后面各项营销决策中发挥举足轻重的作用。

那么，为了如果对竞争对手的了解，我们需要做些什么呢？具体说来需要做到以下几点。

1.竞争状况调查的分类

（1）宏观竞争状况的调查。主要指现阶段的竞争格局，是自由竞争还是垄断？是多头垄断还是群雄逐鹿？在这个行业坐标系中，我的坐标点在哪里？在这个位置，我应该选定什么样的竞争目标和竞争策略？是目标集中、差异化还是低成本领先？

（2）主要竞争对手的调查。主要调查竞争对手的产品状况、技术状况、价格状况、赢利状况等。在这些方面的调查中，可以设置一些能够量化的指标，确定指标权重，然后根据各指标的比较结果描绘出相对于竞争对手的优势和劣势，从而选择正确的市场策略。

（3）潜在竞争对手和替代品的调查。通过对潜在竞争对手的数量、规模、发展变动方向等方面的调查，对替代品的现状和发展趋势的调查，明确自己当前面临的威胁和挑战，从而在营销战略、产品开发、行业介入等方面避重就轻，准确决策。

2.竞争对手调查项目准备

依据经验，营销人员做好竞争对手调查项目，需要平时作好对行业排名靠前企业动态信息的长期跟踪积累。其中包括：

（1）在跟踪调查一段时间后，要有实效。比如，要明确勾画出各个跟踪对象的业务管理模式，并以此为基础，对该对象的动态信息进行有效的归类管理。

（2）收集企业行为和市场表现的有关资料。每个企业在管理和经营上都有自己的特点，而这些特点通常都外显在市场行为上。

（3）在收集信息时，需要考虑信息的表现形式和资料分析，如果不能进行分析，一个全是信息的数据库也没有用。原始信息本身是没有多少价值可言的，唯有处理这些原始信息的能力才会使其产生价值。

（4）竞争对手的信息来源有多种途径，常用的信息渠道包括供货商、客户、政府统计、银行、投资银行等。需要指出的是，在获得这些信息的同时你应该注意：慎用行业分析文章、行业年度报告。至于在商业杂志、报纸等媒体上发表的企业公关性文章则往往夸大其辞，目的是提升企业在公众心目中的形象。另外，对于相对不够成熟的行业来说，统计资料的可靠性较差。所以，需要仔细考察信息的来源，并从中发现事实。

(5)在大量占有和综合分析案头资料数据的基础上，调查机构才能更好地理解客户的调查目的、内涵和外延，为实地调查创造良好的条件。

总之，在对竞争对手的了解上，我们如果能做到列出谁是竞争对手、描述竞争对手的状况、掌握竞争对手的方向、"破译"竞争对手的战略意图、引导竞争对手的行为，那么，我们就能对竞争对手有一番比较全面的了解。

知己知彼，了解客户的真实需求

我们作市场调查、进行客户开发的最终目的是为了把产品卖出去，只有业绩才是硬道理，这是我们都知道的道理。但实现"在恰当的地点、恰当的时间、以恰当的价格、使用恰当的促销方式把恰当的商品卖给恰当的人"这一美好愿望，还有个最基本的条件，那就是了解客户的真实需求。

有购买需要的人才能称之为准客户，只有当客户具有购买意向，对产品有需求时，才有可能成为你的客户。如果没有购买意向，就像爱好清净的人对摇滚碟片没有需求一样，无论销售员如何费尽心机，也不可能达到让其购买的目的。当然，对一些现在没有需求，但将来可能有需求的客户，销售员就应该采取劝说或者使用广告等方式，使其变成潜在客户，变不可能为可能。

销售情景：

库尔曼是美国一名金牌推销员。他有着自己的推销风格。他凭借自己的勤勉和出众的口才，把寿险推销给一个又一个客户，与此同时，他也把成功推销给了自己。

他曾经有一位客户斯科特先生，是一家食品店的老板。库尔曼曾向他推销了自己所在保险公司有史以来最大的一笔寿险：6672 美元。

当时，库尔曼问斯科特先生："斯科特先生，您是否可以给我一点时间，为您讲一讲人寿保险？"

斯科特说："我很忙，跟我谈寿险是浪费时间。你看，我已经 63 岁，早几年就不再买保险了。儿子已经成人，能够照顾自己，只有妻子和一个女儿和我一起住，即便我有什么不测，她们也有钱过舒适的生活。"

这番合情合理的拒绝并没有打消库尔曼的积极性，他仍然向斯科特先生发问："斯科特先生，像您这样成功的人，在事业或家庭之外，肯定还有别的兴趣，比如对医院、宗教、慈善事业的资助。您是否想过，您百年之后，它们可能无法正常运转？"

见斯科特没有说话，库尔曼意识到自己问到了点子上，于是趁热打铁地说下去："斯科特先生，购买我们的寿险，不论你是否健在，您资助的事业都会维持下去。7 年之后，假如您还在世，您每月将收到 5000 美元的支票，直到您去世。如果您用不着，可以用来完成您的慈善事业。"

听了这番话，斯科特的眼睛变得炯炯有神，他说："不错，我资助了 3 名尼加拉瓜传教士，这件事对我很重要。你刚才说如果我买了保险，那 3 名传教士在我死后仍能得到资助，那我总共要花多少钱？"库尔曼答道："6672 美元。"

最终，斯科特先生购买了这份保险。

分析：

一般情况下，人们买保险是为了让自己和家人的生活有保障，而库尔曼通过不断追问，终于套出了连斯科特自己也没意识到的另一种强烈需要——慈善事业。当库尔曼帮助斯科特找到这一潜在需求后，购买寿险来满足这一需要,对斯科特而言就成了主动的事。

从这个真实的销售故事中,我们同样可以得出关于销售市场分析的结论,那就是,只有挖掘出客户的真实需求,才能为我们成功推销奠定基础。

那么,我们该如何了解客户的真实需求呢?

只要我们学会套话,逐渐挖掘出客户潜在的某些需求,那么令客户成为潜在客户也并非难事。对此,我们可以遵循以下几个步骤。

1.从潜在客户感兴趣的话题入手,加以引导

一般而言,人们对陌生的推销员总是心存戒备,往往以没有时间、不需要等原因将他们打发走。其实,这是因为销售员没有选择正确的谈话方式。人们都有感兴趣的话题,客户也是。销售人员如果能在销售中暂时搁置一些销售问题,从客户的兴趣出发,势必能激发客户继续谈话的欲望。

2.不断追问,发现客户最强烈的需要

推销成功的秘诀还在于找到客户心底最强烈的需要。那么,怎样才能找到客户内心深藏不露的强烈需要呢?库尔曼有一个办法就是不断提问,"你问得越多,客户答得越多;答得越多,暴露的情况就越多,这样,你就一步一步化被动为主动,成功地发现对方的需要,并满足它。"

3.注意聆听

在与潜在客户洽谈的过程中,要注意聆听的艺术,遵循两只耳朵一张嘴即2∶1的原则(听与说比例为2∶1)。一方面表示对对方的尊重,另一方面,也有利于了解和回答对方。同时,对不同类型的客户,还要采取不同的交流方式。对老年人,要像对待父母一样表示尊重,说话语速要放慢,洽谈要像谈心一样,处处表现出你的稳重;对于中年人,要极尽赞美之能事,通过洽谈,让对方有成就感,公司产品交给他做一定能操作成功;对于青年人,要放开谈自己的思路、运作模式、营销理念,让他们心驰神往,心服口服,从而乖乖就范。

4.巧妙暗示

你可以这样发问:"为人父母,都要尽可能地让儿女受到良好的教育,怎

么样？您考虑过筹集教育费用的问题吗？”

当我们作出这样的暗示后，要给客户足够的时间，以便这些暗示逐渐渗透到客户的思想，进入客户的潜意识。

总之，在开发新市场的过程中，如果销售人员能做到积极猜测、大胆询问、学会套话等，是能获得潜在客户的信任并能了解他们内心真正需求的，让他们成为我们的准客户！

◆第 4 章◆

做好售前筹备，准去定位和了解你的目标客户

作为销售人员，我们都知道，新市场和新客户的开发是一个艰苦的心智历程，它融合了一个营销员的综合素养，体现着一个营销员良好的精神风貌及业务水准。任何一个优秀的销售员都明白“凡事预则立，不预则废”这个道理，我们开发新客户，不能打无准备之战。同时，销售人员真正和客户面对面的时间是非常有限的，即使你有时间，客户也不会有太多的时间，所以销售员们大多数时间都是用在准备工作上。做好准备工作，能让你在销售前了解客户的状况，帮助你迅速掌握销售重点、节约宝贵的时间，计划出可行、有效的销售计划！

对客户与准客户的资料进行分类整理

古人云：凡事预则立，不预则废，演绎过来就是不打无准备之仗。我们若想成功开发市场，就一定要做好准备工作。而对新市场的调查，多半体现在对潜在客户的调查。作为销售人员，我们每天都要与不同的潜在客户接触，联系的客户多了，如果不进行一些资料的整理工作，未免会变得手忙脚乱。另外，对客户资料的整理与分类，也有利于我们更好地掌握潜在客户的情况，方便作们做出进一步的销售计划，不至于眉毛胡子一把抓。

销售情景：

这天，保健器材推销员小唐敲开了预约好的某住户的门，开门的是位先生，看到小唐，这位先生很客气地说："请进。"

进入客户的家后，小唐准备与客户寒暄一番。于是，他说："刘先生，您家里这么多字画都是您自己的笔墨？"

这本是一句赞扬的话，但客户听完以后，却脸色大变，对小唐说："对不起，我姓陆，不姓刘，一个销售员，连客户的姓名都记不清楚，还谈什么销售？"这句话说得小唐丈二和尚摸不着头脑，明明姓刘，怎么姓陆了？难道真是记错了？

于是，小唐只好离开。回到公司后，他打开了前段时间在作客户调查时留下的资料，天哪，真是姓陆！怪不得客户会生气。

自从这件事之后，小唐吸取了教训，开始养成了整理和分类客户资料的习惯，以免再发生这种记错客户姓名的事情。

分析：

案例中，保健器材销售员小唐在拜访潜在客户之前，因为准备工作做得不充分,没有对客户进行资料的整理和分类,从而造成了叫错客户姓名的失误。这对于客户来说,是一种不尊重,客户拒绝他也就理所当然。

可见,对客户资料的整理和分类是做好筹备工作的重要方面,通常来说,包括以下几点:

1.对潜在新客户的分类

实践表明,营销人员在开发客户的过程中,如果能做足准备工作,事先对准客户进行合理分析和归类,将有助于开展重点推销和目标管理,做到有的放矢,以最小的人力物力投资,获取较大的业绩。因此推销员万不可轻视对准顾客的分析和归类工作。对新客户的分类可以根据可能成交的紧迫性分类:

(1)超过3个月才能成交的顾客,被称为观望客户。对于这类客户,销售人员需要作出进一步的判断与评估,然后安排访问的时间。

(2)3个月内可能成交的客户,被称为有望客户。对于这类客户,销售人员需要积极争取,主动出击。

(3)1个月内可能成交的客户,被称为渴望户客。对于这类客户,销售人员可以增加访问的频率与交往深度。

2.潜在新客户的管理

在对潜在客户进行分类分析后,销售员下一步要做的就是对这些资料进行归类整理以及建立档案,制作整理成客户名册。制作客户名册的作用在于,通过客户交易状况明细表发现潜在客户并将客户细分,进而将其备案,作为评价其信用度的资料源;也可使得收款工作更为容易;有助于其他相关商品的推销及商品化计划;还可以作为公司测定推销效率的资料。

当然,这些客户名册与档案是处在不断调整与变化之中的,所以这项工作是一个无限循环的过程。

另外,由于客户类型不同,所整理的客户名册也有所不同。如家庭型顾客,其档案一般是包括姓名、年龄、职业、住址、家庭成员情况、兴趣爱好、性格、购买方式等信息。企业型的客户名册则包括:客户的经历、经营手段及家庭结构、从业人员的状况、销售能力、年度销售额、该公司商品的市场占有率、付款能力、货款回收情况、银行往来、金融关系以及是否有不考虑利润而乱加抛售的情形。

3.对无利可图的新客户的管理

顾名思义，这类客户指的是营销人员花费了大量的人力物力，却毫无收获和回报的客户。这里，判断客户是否还“有利可图”的一个标准就是时间，因为对销售员来说，时间就是金钱。当销售员对无利可图客户进行类型划分时，应注意三件事。首先，对于有潜力的客户，应放长线钓大鱼，仍然要继续保持联系；其次，为了抵消由无利可图的客户所造成的时间耗费，应选择投入较小而成交回报较大的客户；再次，要对这一点做到心中有数，即那些用于处理无利可图的客户的战略终究会失去效用。这是不可避免的，也是可以接受的。

在怎样对待无利可图的新客户的方法上，我们可以参考以下几种比较适用的做法：减少拜访次数、尽量利用电话拜访、选择适用的推销方式、果断放弃。

定位市场，然后确定你的目标客户

从事销售工作，我们希望拥有更多的准客户，毕竟准客户越多，产品的销售量也就可能越大，销售总额才能上得去。但实际上，这仅仅是我们的美好愿望而已。市场很大，潜在客户很多，但我们首先要做的一件事是分析那些看似繁多的潜在机会，不要看花了眼，然后对目标市场进行定位，确定目标客户。对客户的定位不准确，目标消费群体不明确，成功的机会就很小。人们常说“选择不对，努力白费”就是这个道理。对于刚刚接触推销工作的销售人员来说，80%的失败来自于对“消费群体”的定位和对潜在客户的搜索不到位。

销售情景：

琳达是一位咨询师，她一直为自己糟糕的财务状况烦恼。虽然她从事这行已经好多年了，还为一些著名的大公司服务。但因为她还替很多资金短缺的小公司作咨询，并且把大部分时间都花在后者身上，这使她无法专心做好大公司的工作，所以始终无法与那些大客户建立起长期稳定的合作关系。当她的朋友问她怎么会出现如此糟糕的情况时，她是这样回答的："对我来说大公司或小公司无所谓，我曾经与本市的房地产公司、保险公司和专业服务公司等不同行业的客户合作过。我能够帮助这些公司建立团队，为公司员工进行个人职业生涯规划，签署市场担保和进行销售培训等，有时我甚至直接培训主管……"

她的朋友听完后才明白，原来琳达希望抓住所有的机会，只要有报酬，她愿意为任何公司做任何力所能及的事。

于是，她的朋友告诉她："但是你想过没，那些公司有数不尽的服务商可供选择，所以他们可以挑选出真正专注于本公司业务的专家来合作，而不会在不了解详情却只想赚取佣金的人身上浪费时间。时间对于公司决策者来说是最宝贵的，所以他们希望能迅速地确定服务商的服务或产品是否合适，如果确实合适，才会继续下一步合作，否则便不予考虑。这就是要事先确定客户的另一个原因了。事实上，当你明白我们要对客户有所选择的同时，你就在大体上形成了自己产品的价值主张。如果你的价值主张定位准确，是客户所期望的，那么你的客户甚至会反过来迫不及待地和你合作。"

听完这些，琳达才恍然大悟。

分析：

这则案例中，咨询师琳达虽然从事这行已经多年，却始终不能与一些大客户建立起长期稳定的合作关系，这是因为她没有对客户进行选择，而是希望抓住所有机会。很明显，这样做是不明智的。这样眉毛胡子一把抓，到头来是“捡了芝麻丢了西瓜”，在朋友的提点下，琳达才发现了自己的失误。

作为销售员的我们，也应该吸取琳达的教训，在推销前，也要对目标市场和客户进行准确的定位。具体说来，我们不妨做到以下几点。

1.定位目标市场

(1)按消费者的特征把整个潜在市场细分成若干部分。

(2)企业选定作为其营销对象的消费者群体。

因为企业生产的产品有限，而消费者的需求却无限，因此，企业只能在市场细分的基础上，选择部分消费群体作为目标市场。

选择目标消费群体的基本要求是：组成细分市场的消费者群体具有类似的消费特性；细分市场尚未被竞争者控制、垄断，企业能够占领市场。

(3)满足某一部分人的需求。

举个很简单的例子，轮椅是专门为行走不便的人生产的；而羽绒服是为寒冷地带生活的人生产的。对于一个广告产品来说，这一部分人便是它的目标市场。

2.圈定适合的客户群

每一个人都是你的潜在客户，但是只有那些准客户才有条件购买产品，所以必须确定哪些潜在客户将成为目标客户，这样才有可能实现既定的销售目标。

(1)逐户拜访。

逐户拜访是最常见的寻找客户的方法之一。客户往往不会主动上门购买产品，所以销售员主动出击是很明智的选择。在拜访之前一定要对客户信息有准确的把握，才能有的放矢。了解客户的需求、喜好，才能投其所好，吸引客户。

(2)介绍寻找法。

业务员通过他人的介绍或者提供的信息进行客户寻找，可以通过业务员的熟人、朋友等社会关系，也可以通过企业的合作伙伴、客户等，由他们进行介绍，主要方式有电话介绍、口头介绍、信函介绍、名片介绍、口碑效应等。

(3)电话寻找。

电话寻找颇有难度,需要让对方觉得有必要见你一面,或让准客户对你的拜访有兴趣。电话拜访时要有自信,语调要平稳,口齿清晰,用词贴切,理由充分,给对方留下一个好印象。

电话寻找,重点在于"话",销售员要在"话"上多下工夫。

(4)个人观察。

个人观察是指销售员通过对周围环境的分析和判断来寻找客户。这是一种比较古老的方法,也是一种基本的方法。用这种方法寻找目标客户,销售员的职业素质和观察能力就显得尤为重要。

(5)会展寻找法。

每年都有不少交易会,如广交会、高交会、中小企业博览会等,充分利用交易会寻找客户、联络感情、沟通了解。

可见,寻找客户不是简单地找一堆客户名称、电话、地址、联系人,更需要充分了解行业的状况与动态,从而能够根据客户的状况变化发现商机,适时作出适当的公关活动与媒介推荐,取得更好的业绩。

对客户购买力进行分析,然后划分层次与等级

我们都知道,作为一名销售员,只有拥有足够的准客户,才有可能交出漂亮的业绩单。许多人之所以没有成为成功的销售员,是因为没有注意到准客户的重要性。而合格的潜在客户必须具备三个方面的条件:一是购买力;二是决定权;三是有需求。这三个要素缺一不可,客户只有同时具备这三个条件,才是我们合格的潜在客户。可见,购买力是我们判定一个客户的重要条件。因此,在正式推销之前,我们面临的问题就是预估客户的购买力,区分客户的层次与等级。

销售情景：

河南郑州富达丰田将郑州的地图进行区域划分，每个区域都建立相应的档案。然后实行A卡和C卡统计制度。A卡是指到店等级高的用户，C卡是指交订金的用户。

通过统计和对比，就能看到客户享受服务的情况以及各个区域的薄弱环节。再根据各个区域的不同特点、不同情况展开营销活动。由此，就能将郑州富达丰田的服务资源用在最可能产生回报的区域，发挥客户群的管理优势。

分析：

作为销售人员，我们同样可以学习郑州富达丰田的这种客户等级划分方法。运用区域化划分，通过统计分析各个区域的特点和消费情况，进行精细化分析，就能尽快找出最好的维系客户的方法。这样做还有利于销售流程的顺利进行，因为每个客户或者每一类客户对企业利润的贡献是不一样的，最常见的准则是20%的客户给企业带来80%的利润。所以，从企业盈利和承受力的角度来说，我们不能对所有的客户一视同仁，而应该根据客户对企业的重要程度采取不同的策略。在企业服务资源有限的情况下，要优先服务最有价值的客户，为最有价值的客户提供特别的服务，提高他们的满意度和忠诚度。销售员也要更关注这些客户的需求动态，利用客户信息推动战略性的市场营销，增加公司的投资回报率，降低客户交易的成本，从而使企业的赢利能力最大化。

当然，预估客户购买力、划分客户群的方法还有很多，常用的客户评估方法主要有以下几种。

1.金字塔模式

整理一年内客户的交易额，按照带来的利润进行排名。主要可以分为以下几种：

超级客户——在客户排名中最靠前的1%。

大客户——在客户排名中接下来的4%。

中客户——在客户排名中再接下来的15%。

小客户——在客户排名中剩下的80%。

非积极客户——指已经有一年时间没有从你那儿购买产品，但之前你为他们提供过服务，而在接下来，他们还有可能需要产品或服务。

潜在客户——指虽未购买你的产品或服务，但已经和你有所接触，对你的产品或服务有所耳闻等。

疑虑者——指有购买需求，但对你的产品或服务还没有全面的认识，这类客户是销售人员应尽量维护和开发的。

其他——指对你的产品或服务永远没有需求或愿望的个人或公司。

2.分类新增客户

对目标客户准确定位，寻找合格的潜在客户是一种事半功倍的途径，也是产品销售的前提。要不断记录每日新增客户，并将新增客户进行有效分类，这样可以提高30%的工作效率，具体可将目标客户分为三类。

A类客户：有明显购买意图的客户，是优先考虑拜访的重点客户。

B类客户：有购买动机和购买行为，但时机尚未确定，优先考虑拜访A类客户后对B类客户进行跟进。

C类客户：是否购买没有确定，处理完前两类客户后，有时间再安排跟进。

3.察言观色，判断人们的购买力

人们的收入不同，购买能力也不同。如果你的产品是奢侈品，大多数年轻人都喜欢高档消费，但是月工资只有1000元的人是没有能力购买的。而那些高收入的“金领”或老板，则具有较高的购买能力。假如你的产品是家庭方面的，那么家庭主妇则最具有购买能力。

一般来说，服饰讲究、式样别致的客户，应该有较高的购买能力。而服饰普通、式样过时的客户则多是购买力水平较低、正处于温饱水平的人。推销员通过观察客户的服饰打扮，大体上可以知道客户的职业、身份及购买力水平。

俗话说:“知己知彼,百战不殆。”做销售也是如此,销售员应该对客户有一个全面的、整体性的评估。从公司数据库、上司、同事和所有的关系网中调出客户的相关信息,然后对这些信息进行认真的综合分析。只有对客户进行全面的分析,站得更高,才能看得更远。

拟定一份近期开发客户的规划

兵法云“谋定而后动”,凡事预则立,不预则废,新市场开拓亦是如此。每开发一个新市场,必须有明确的思路和战术细节。因此,销售人员要想成功地开发新市场和新客户,除了要进行充分的相关准备外,更应该拟定一份详细的近期客户开发规划。

销售情景:

小林是一名保险推销员,这个月是他和公司同事事业的“冷淡期”。为此,部门经理决定进行一次“整顿”,便把所有的推销员召集在一起开会。

“我知道各位很辛苦,但业绩才是硬道理,大家能总结一下业绩上不去的原因吗?”经理提问道。

“没有客户源,开发新客户并不是一件容易的事。”小林带头回答。

“是啊,有时候,客户明明答应给我们洽谈的机会,但很快就变卦了。”有位同事补充道。

“还有啊,在开发客户的过程中,我发现不管我们怎么努力,似乎总有令客户不满意的地方。”

“……”

大家发表完自己的意见之后,经理明白了问题所在。于是,他提问:“我每个月让你们做的客户开发规划表,你们不是每次都做了吗? 可见大家只是把这份客户开发规划当成了一个任务。实际上,它对我们开发客户的工作是非常有帮助的。而且,这份规划拟定得越详细,在现实的开发工作中,遇到的问题就会越少。打个很简单的比方,我们为什么答不出客户提出的各种问题,因为我们没有作准备呀……”

经理说的话很有道理,大家这才认识到原来问题出现在了“备战”上。

分析:

这则案例同样告诉每一个致力于开发客户的销售人员,在开发新市场以前,一定要做足准备工作,拟定一份近期客户开发规划,使之成为我们工作的指导。

一般来说,制定一份完整的客户开发规划,需要我们完成以下几个步骤。

1.做到一个“调查”、三个“确定”

(1)一个“调查”。

充分进行市场调查,是开拓新市场必要且首要的环节,市场调查的过程实际也是在市场上找感觉的过程,通过调查能充分了解竞争对手的市场状况、市场潜力及销售预测,从而发现市场机会,找到突破口。

(2)三个“确定”。

一是在市场调查的基础上通过分析确定本公司的产品及营销政策在同行业的地位及优势,并找到突破口。二是根据市场需要初步确定拟选择的渠道经销模式,是区域独家代理还是多家代理,是直销还是找代理商,确定这一点很重要,这直接决定我们到底要拜访哪一类客户。三是初步确定即将要拜访的客户“黑名单”。确定客户“黑名单”的方法主要是到一些销售场所找一些和你所销售的产品相关但不相同的畅销品牌,记录电话,找到其本区域代理商;通过超市采购打听一些有名的供货商;多方调查,打听圈内做得成功的代理商。

2.拜访客户前的准备工作

（1）出门前检查是否带上了样品和相关宣传资料。

（2）最好提前电话预约，确保准时到达。

（3）组织语言，确定拜访时和客户大致要谈的内容。下面是我们初次拜访客户时所交谈的主要内容。

公司概况及在同行业中的地位；生产规模及能力；质量保证和稳定体系；这主要是让客户吃两个定心丸：一是和我们公司可以长期合作，不用担心好不容易把产品做起来，结果公司垮台了；二是我们有足够的货源保证和真诚的合作态度。

我们的市场拟推广方案；我们的主要目标市场及市场前景分析；我们零风险的售后服务保障系统；赢利系统；我们公司对经销商的基本条件，特别要强调先付款再发货问题；确定谈判底线，譬如货款问题、促销支持问题、退货问题等最多能让步的底线。

3.拜访客户过程中，做到“打动”客户

（1）设身处地，从客户利益角度出发，为客户介绍切实可行的购买计划。

（2）说话语气及内容要有适度的煽动力和亲和力。

这里考验的还是营销人员的基本素质——说话。这里说话要求适度，说话太实在，语调太低沉，激发不了客户的购买激情，如你一开始就告诉客户货源经常得不到保障，产品质量经常出问题等，则无法取得客户的信任，说得太夸张则会为以后的工作带来麻烦。

（3）良好的售后服务承诺。

4.跟进、签约

通过洽谈，对于符合公司要求的目标客户要及时打电话进行沟通和跟进，跟进时要遵循 1∶4∶7 法则，即“欲擒故纵”的方式。千万不能急于求成，不分时间、地点地催促客户上货，否则会弄巧成拙，贻误战机，让客户感觉你是在急于寻找客户，从而给你提出一些“不平等条约”，为双方以后的合作埋下阴影。

在跟进过程中,客户可能会提出一些疑问,如产品不适销对路怎么办;产品出现质量问题怎么办;职能部门抽检怎么办等,只要你对以上问题给予合理解答,目标客户就基本确定了。然后,通过邀请客户到公司参观考察等方式,进一步扫除客户心里的疑团和障碍。最后,趁热打铁,签订经销协议。一个新客户就这样诞生了。

一份完整的客户开发规划往往囊括以上几点,通过以上步骤的工作,新市场开拓就基本完成。而市场开拓仅仅是营销工作的第一步,后面的工作将更加艰巨,但只有具备良好的开端,才可能有之后的顺利。

了解你的产品,并熟记产品卖点与优势

随着市场的发展,产品的种类和功能越来越多。客户在面对功能齐全的产品时,也开始产生困扰和迷惑,这种困扰和迷惑来源于对产品的不了解。对产品不了解,客户就会缺乏对产品的信任,购买的机会就变小了。而这,既给我们成功开发客户带来了一些难度,也对销售人员提出了新的要求——必须对产品烂熟于心。任何一个准客户,都会提出种种问题,他们是否愿意最终掏钱购买,关键在于销售员对产品介绍是否到位。如果销售员的回答能给客户留下深刻的印象,那么就已经为成交奠定了坚实的基础。

销售情景:

有一位销售员挨家挨户地推销化妆品,在一家门前,进行必要的礼仪招呼之后,销售员说明了来意,正好对方有购买意愿,就拿出样品观看。这时,顾客发现化妆品包装上有“果酸”的字样,就问销售员是什么意思,有什么作用。这个推销员一听就懵了,吞吞吐吐了很久,也说不出个所以然来,结果可想而知。

分析：

可能很多销售员都遇到过案例中的问题，他们认为，敲开客户的门进行产品推销已经需要很大的勇气，客户居然还提出如此“刁钻”的问题。也有人会说，都怪公司没有进行专业的培训。其实，这都是自己不够专业造成的。因此，不从自身找原因，业绩无法上升，最后吃苦的还是自己。客户最重视的就是产品是否符合自己的需求，销售员不懂产品，和客户无话可谈，更不用说成功开发客户、获得业绩了。

任何一个客户，在购买产品前，都有了解产品知识的需求，这也是消费者的权利。如果销售员无法满足客户的这一要求，只能说明不是一位合格的销售员。

成功的营销人员在开发新市场以前，都会对自己所要推销的产品及其相关知识进行了解。只有这样，才能在不论客户问什么时都能对答如流。如果推销员对自己的产品不了解，推销时就缺乏信心，连取得客户信任的机会都没有，谈何赢得客户？

熟悉本公司产品的基本特点，是销售员的一项基本素质，也是成为一名合格销售员的基本条件。销售员在开发客户之前，一定要对产品的以下基本特征有充分的了解。

1.产品的名称

有些产品的名称本身就具有特殊的含义。这些名称包含了产品的起源、基本特征，有可能也包含了产品的特殊性能，所以销售员必须充分了解。

2.产品的技术含量

一个产品技术含量的多少，销售员应该心知肚明，在对客户进行推销时，要扬长避短，引导消费者对产品的认识。销售员只有对产品有充分的认识，才能吸引客户的目光，让客户产生购买欲望。

3.产品的物理特性

包括产品的规格、型号、材料、质地、美感、包装、保养方法等。

熟悉公司产品，特别要熟悉公司产品的优势、使用方法、保管方法等关于产品的各方面的知识及加工工艺，这有助于我们谈判时不说外行话。客户如果是外行，会认为我们是专家；如果客户是内行，则会从内心认同。这样我们就很容易被客户接受，并且让客户感觉到和我们公司合作很有安全感。

4.产品的特殊优势

指的是本产品不同于其他产品的新功能。

一对夫妻在商场里看到一种肥皂造型的东西，上面还有用毛线编织的十二生肖装饰，看起来非常可爱。这对夫妻非常想买这些产品，但不知道这些东西的用途，于是向销售员询问。销售员迟疑了一下，回答说："当然是洗手的，不然还能干啥？"这时，旁边一位买过这种物品的顾客说："这不是香皂，是一种吊在浴室里，利用水蒸气慢慢蒸发，从而清洁空气的产品。"

虽然了解了产品的用途，但是，销售员不懂装懂的态度让这对夫妻失去了购买的兴趣。这个销售员就是因为对自己销售的产品没有足够的了解，所以失去了一次很好的销售机会。致力于开发新市场和准客户的销售员，也应该从中吸取教训，只有对产品有足够的了解，了解产品的与众不同之处，才能让自己多一个推销筹码。

5.售后服务

现在人们越来越关注产品的售后服务，对于公司不会向客户提供的服务，不要随便夸海口。以免在以后的交涉过程中出现争吵，流失部分老客户。

因此，销售员在开发客户之前，一定要做足准备工作，要对产品进行深入研究，充分了解产品的相关知识和信息，只有这样，在向客户介绍产品的过程中才会详细、充分。对于销售员来说，必须让客户觉得你是他们的专家顾问，是用产品或服务来帮他们解决问题的人，而不仅仅是销售员。一个成功的销售员，会让客户赞同产品并帮助客户解决问题。对产品及其相关知识了如指掌、烂熟于心的专家型销售员在客户眼中有着无形的说服力。

准备好你出色的开场白

无论是销售活动，还是开发客户，我们都免不了要与客户接触；与客户接触，就少不了开场。俗话说，好的开始是成功的一半。开场白是销售人员与客户见面时前两分钟要说的话。一段精彩的开场白，不但可以引起客户对你的重视，而且还能让客户对你接下来的言谈举止产生兴趣。“先生，您需要……吗？”这种千篇一律、平淡无奇的开场白，十有八九会遭到拒绝。因此，我们若想成功推销，一定要明白，创意开场是行销的第一法宝。

销售情景：

日本有一位寿险推销员，他有一套别出心裁的推销方法。

有一天，他拜访一位客户，他把印着“76600”数字的名片递到客户手里。

顾客看到名片，很诧异，就问：“这个数字是什么意思？”

推销员反问道：“您一生中吃多少顿饭？”客户听完后，还是不明白，推销员接着说：“76600 顿嘛！假定退休年龄是 55 岁，按照日本人的平均 74 岁的寿命计算，您还剩下 19 年的饭，即 20805 顿……”

分析：

案例中，这位推销员开场白的特别之处在于用一张印有 76600 数字的名片吸引了客户的注意，然后反问客户。等吊足了客户的胃口后，再告知客户这个数字的意思，让客户认识到生命的短暂，进而逐渐把问题引向人寿保险。

有时候，当我们信心百倍、昂首进入陌生市场时，可能会听到一些人说：“推销员又来了。”这个时候你千万不能尴尬和紧张，而是应该调整心态，越是这种时候，越要表现出色，力图创造新的推销方法与推销风格，用新奇的方法来引起顾客的注意。

每一个顶尖的业务员都有独特的开场白。那么，我们该怎样开场，才能让客户立即动心呢？

1.寒暄式开场

寒暄是开场白中最常见的一种。这种方法通常适用于和客户第一次打交道，因为问候对方是一种礼节，能让客户感受到我们的善意，然后才能进行之后的交易。寒暄作为交谈的“导语”，具有抛砖引玉的作用，得体的寒暄可以赢得客户的好感，使沟通顺利进行。

例如：

“王经理，见到您很高兴！”

“您是孙经理吧？您好，您好！”

“听口音，孙经理是山西人吧？”

“今天天气真不错呀！”

与陌生客户见面，我们可能对对方一无所知，此时，寒暄还可以帮助我们了解客户的身份、性格、籍贯、爱好等基本信息，这对销售员接下来的工作大有帮助。但是，销售员要注意，在问候客户时，话语要委婉，恰到好处，用语不宜过多，绝不能啰唆。

2.利益引诱法

没有人会拒绝那些能为自己节约消耗、提升效益，也就是通俗意义上赚钱和省钱的方法，那么，他们自然也不会拒绝为他们“出谋划策”的销售员，如：

“陈厂长，其实，您工厂每月的生产额还可以再增加十万元。”

“张经理，您不觉得贵公司每月的电费支出太多了吗？”

“王厂长，可能您还不知道吧，您隔壁工厂因为产品质量，现在的产品都已经开始出口了。”

3.问题引导法

有问就有答,销售员向客户提出问题,有利于引起客户的注意和兴趣,如:

“张总,您觉得影响产品生产量的原因是什么?”产量自然是身为厂长最关心的问题之一。这一问题,自然会引导客户逐步进入面谈。

当然,我们在提出问题的时候,一定要注意,所提的问题要明确、具体,语言要清晰,而且,必须是客户最关心的问题,否则,很难引起客户的注意。

4.幽默法

“先生,您好！今天我专程来拜访您,想了解一下上帝对保险的看法。”

“什么上帝?”

“因为您是上帝,客户都是我们的上帝,所以我今天专程来拜访上帝。”

客户笑了,“上帝”也笑了……

人们常说,客户是我们的上帝,这位销售员便从这一点入手,以一句幽默的话博得了客户一笑。

5.利用好奇心

好奇心是人类行为的基本动机之一,客户对不知道、不了解、不熟悉的东西通常都有强烈的好奇心,销售员可以利用好奇心来引起客户的注意。

某地毯推销员对客户说:“您知道吗?您每天只花1角6分钱就可以使您的卧室铺上地毯。”客户对此感到惊奇:“什么意思?”

推销员慢慢讲道:“您的卧室是12平方米,而我们公司的地毯每平方米为24.8元,这样就需要297.6元。我厂的地毯可铺5年,一年365天,这样平均每天的花费只有1角6分钱。”

案例中的推销员善于制造神秘气氛,以引起客户的好奇。在挑起了客户的欲望后,再将产品推荐给客户,这比开门见山地介绍要好得多。这一点表明,好奇是人类行为的基本动机之一。人们对于那些自己不知道、不了解或者觉得特别的东西,都会充满好奇,并有继续了解的欲望。

6.向顾客求教法

生活中,总是有一些人好为人师,喜欢以师长的姿态教育、指导别人。对于这些客户,可以利用向他们请教问题的方法引起注意。比如,可以有意找一些不懂的问题,或假装不懂向顾客请教。一般顾客是不会拒绝虚心讨教的推销员的。例如,"王总,我听说您以前是学机械的,是机械制造方面的专家。这是我们公司研制的新型机械图纸,您看在设计方面还存在什么问题?"受到这番抬举,对方自然乐意接受我们的请教。

从现在起,我们不妨思索一下开场白是不是有创意,是不是有自己的特色,如果没有,就从现在开始改变,小小的改变,必会有大大的不同!

设计好客户沟通流程,做好完美回答

作为销售员我们都知道,任何客户从销售员向他们推销的那一刻起,就心存戒备。这不仅是对产品心存疑虑,更是对销售员本身不放心。为此,他们总是不断地询问各种问题来获得心理上的某种安定。正因为如此,聪明的销售员在售前都要做足准备工作,列出客户可能存在的问题,并作出完美回答,这样,与客户交谈时才能做到以不变应万变。而一些销售新手在与准客户交谈时,经常因为回答不出客户的问题而使得自己手忙脚乱,就是因为事先没有做好这些问题的备案。

销售情景:

小王是某公司连接器的推销员,他很爱动脑,每次推销前,都会将问题考虑周全。这天,和往常一样,小王要去一家大公司推销连接器,但小王通过资料发现,这家公司已经有合作者,但他还是自制了一套说辞。

果然,当小王来到这家公司,介绍完自己公司的品牌以后,客户问起了产品的制造厂商,然后说:"谢谢你,辛苦了。不过很抱歉,我们已经有合作者了，不能跟你买，因为制造工厂有我的朋友，不向我的朋友买好像说不过去。最重要的是，人家是大公司，我还是相信大公司的产品。”

“是这样啊？您跟××公司的王先生是朋友啊？××电器公司的产品在这一行是数一数二的，信誉卓著。不过我们公司的产品绝不比他们差，请您看一看吧！我们这个连接器绝不输于电器公司的连接器。我知道贵公司一向都使用高级产品，最合适不过了。为了求得进步，您采用我们公司产品试试，也不会对不起朋友！是吧？”

客户说：“好吧！那就用一次试试看。”

小王从这家公司出来后，叹了一声：“幸亏早有准备啊！”

分析：

我们发现，面对销售员的推销，客户总有很多原因拒绝，面对客户的这些借口，很多销售员往往束手无策，最终只能知难而退，放弃推销。其实，如果我们能和案例中的小王一样，事先对这些问题作一番预测，并作出完美的回答，就能帮助我们顺利度过这些销售难关。另外，这些也体现了一个销售人员的水平。

常见的异议有以下四种，我们可以根据不同的情景，用不同的方式回应我们的客户。

1.客户嫌贵

实际销售中，当客户告诉销售员“你们的东西就是比别人的贵”时，许多销售员都会很不客气地回敬一句：“一分价钱一分货，你要是不满意，就去别人那儿买吧。”这种应对绝对是销售的大忌，无异于赶走客户。我们应该这样说服客户。

(1)分解价格法。

分解价格法指按产品使用时间的长短和计量单位的不同来报价，把庞大的价格化整为零，隐藏价格昂贵的威慑力。这种方法是把价格分散成较小的价位，实际上并没有改变客户的实际总支出，却比总报价更加容易被人接受。

(2)比较法。

产品与产品之间打的不仅是价格战,还有质量、性能等方面的较量。当客户告知你的产品比其他厂家的产品贵时,我们可以用比较法突出产品的优势。即将同类产品进行优势对比,突出自己的产品在品质、性能、声誉、设计、服务等方面的优势。让客户知道"贵有贵的理由"。其实,这也是用转移法化解客户的价格异议。人们常说"不怕不识货,就怕货比货",在比对中,客户一目了然,自然会选择物有所值的产品。要注意的是,在比较时千万不能贬低竞争对手,小肚鸡肠的销售方式会给客户留下不良印象。

2.客户认为你的产品不如竞争对手

的确,碰到这种"立场坚定不移"的客户,往往会让人不知如何开口,尤其对新手来说更是无所适从。当遇到这种客户时,千万不要知难而退,而应该试着去确定此话是否属实。你可以这样回答:"是吗? 很好,能向自己的朋友买再好不过了,你们是认识多年的好朋友吧!"(稍微停顿一下)这时客户倘若应付销售人员,当然另当别论。但是,一般的客户都会说:"哦! 是这样的! 好多年了!"或说:"怎么说呢?"或说:"你管太多了! 我的朋友与你有什么关系啊!"

这样,我们就能看出对方是否只是推托之词。此刻,你可以说:"这个请您作参考好吗?"一边拿出产品说明书、图样给客户看,或一边示范;同时劝导客户买下来,但客户如果一点儿都没有改变心意,推销员必须想办法说服,或作个长期计划,先慢慢成为客户的朋友,再逐步进行推销事宜。

3.客户称自己不需要

客户称自己不需要,一般分为两种情况,一种情况是客户真的不需要;另外一种情况是客户拒绝的一个借口。对于后者,销售员固然不能直截了当地深究,然而不找出客户说"不需要"的原因,销售工作就难以顺利进展。所以销售员要采用较为委婉的提问方式或者交谈方式来探究真实原因,想办法让客户自己说出拒绝购买的原因。在使用这种迂回战术时,销售员一定要审时度势，注意措辞得当，表达适度，以免打乱与客户沟通的进程。

4.客户担心产品质量

面对客户的这一问题，销售人员要给人坦诚老实的感觉，说话要注意语气，切不可眉飞色舞唾沫横飞，让客户产生华而不实的印象，进而对你介绍的产品产生相同的感觉。

销售人员可适当地表示对客户意见的赞同，甚至可以主动承认产品的一些“小问题”，这都无伤大雅，绝对不会影响产品的使用，这样反而会使对方的心情由阴转晴。

对于那些需要证据的客户，销售人员可以展示手头能找到的一切证据向他们证明：你说的话绝不掺假。可将获奖证书、权威机构的认证证明、报纸杂志刊登的表扬性文章请客户过目，相信这些能令客户折服。

当然，客户可能提出的问题远不止以上四点，我们“备案”越充分，越能帮我们在具体的销售过程中“应急”。

一套完整的销售工具，你准备好了吗

一个优秀的销售员，在向客户推销产品时，靠的不仅仅是一张嘴，还有充足的销售工具，这不仅会让销售人员显得更专业、干练，还能引起客户的好奇心，抓住了客户的好奇心，销售员也就找到了销售的突破口。试想，当客户索要我们的名片时，我们却告诉客户“忘记带了”，那么，势必会让客户“大跌眼镜”，谁愿意与这样的销售人员合作呢？我们很难想象这样的销售人员能够成功开发新市场。

因此，我们在开发新市场以前，一定要带齐所需的资料、名片、样品等，并要熟记在心。这能让我们知道什么时候该去进行哪一项工作，让我们在销售中手到擒来。

销售情景:

克林顿·比洛普是美国 CFB 产品公司的总裁,在最初创业时,他曾经为康奈狄克州西哈福市的商会推销会员证。

一次,他经过朋友的介绍,有幸得到了与一位商店老板见面洽谈的机会。然而不幸的是,因为这位老板的商店位于西哈福市的边缘,他觉得即使自己名义上是西哈福市商会的会员,但是由于地理位置太偏,顾客是很难了解这一点的。因此,他认为自己完全没有必要花钱购买商会的会员证,也就不吃克林顿·比洛普这一套。

但克林顿·比洛普并没有放弃,他请求对方再给他一点时间,对方答应了。于是,一个小时之后,克林顿·比洛普拿着一个特大号信封出现了,然后继续同商店老板进行沟通。

看到克林顿·比洛普手里的大信封,商店老板充满了好奇,虽然他已经拒绝了克林顿·比洛普,但还是忍不住在十几分钟后主动问道:那个信封里到底装了什么东西?方便看一看吗?原来克林顿·比洛普在大信封里装了一个印有西哈福市商会标志的金属牌。他告诉商店老板,只要将这个牌子挂在商店边的十字路口,那么所有来这里购物的人都会知道您的商店处于一流的西哈福区,而您则是西哈福市商会的一名尊贵成员。正如克林顿·比洛普所希望的那样,商店老板很高兴地同意加入西哈市商会,并且马上支付了商会会员的入会费。

分析:

面对商店老板的拒绝,克林顿·比洛普却能转败为胜,他是怎么做到的?很简单,一个大信封帮了他。面对一个尚未打开的信封,对方产生了一探究竟的好奇心,而克林顿·比洛普满足了对方这种好奇心,并让对方看到了加入这个商会的好处,对方自然就接受了克林顿·比洛普的推销。

可见,在拜访客户时利用一些工具,这些工具既可以体现你的身份、气质和尊重客户的态度,也可以引起客户的好奇心,当然也可以为你提供许多便利。不同的工具在沟通过程中起到的作用不尽相同，究竟选择什么样的道具，必须根据客观需要来决定。

1.一身干净干净、能令人信心倍增的行头

外在形象是指一个人的仪态、服饰、举止等外在表现。得体的形象很大程度上体现在一个人的着装打扮上，得体的着装会帮助我们获得他人的认同、增强自信心，反之，他人的认同也能再次帮助我们增强自信心。对于推销员而言，一套令自己信心倍增的行头自然是拜访客户所必需的。这除了可以起到增强自信心和引起客户好感的作用，其实也是一种身份和品位的象征，如果穿着不够得体，你所代表的公司和产品形象将大打折扣。

当然，服饰只要得体大方即可，不必刻意追求名贵，比如要尽量穿职业装打领带，领带夹要放在领带的1/3处等。营销人员要做到坐如钟，站如松，行如风。

2.一个内容丰富、整齐干净的公文包

细心的你可能发现，那些销售业绩良好的销售人员，通常都有一个必不可少的工具——公文包。试想一下，如果一位穿着考究、两手空空的人到你面前向你推销产品，你会有什么样的感觉？你至少得花一段时间搞清楚对方是否是一名真正的销售员。公文包不仅是销售人员的必备工具，而且如果运用得当，还可以成为引起客户重视的重要工具。推销人员必须保证公文包符合两项条件：第一，公文包必须干净整齐；第二，公文包里的资料必须内容丰富。

公文包的整齐除了有利于你在需要某些材料时迅速找到之外，还可以让客户感到你办事细心、可靠、有条理；而一个内容丰富的公文包不仅能使你掌握更充分的信息资料，同时也能让客户充分感受到你对他们的重视和关注。公文包除了要保持整齐和内容丰富之外，推销人员还要根据形势的变化和客户的特点经常对公文包进行更新和整理，及时增加新内容，把那些不必随身携带的材料放到档案袋中保存。

3.一张能代表身份的名片

不论是与客户沟通还是在其他社交场合,名片已经是现代人相互交往时的必备工具。对于销售人员来说,名片如同销售人员的代言人,递上名片等于在作自我介绍。一张设计巧妙的名片其实相当于一张广告牌,为此,很多推销员都会在设计自己的名片时下一番工夫。

日本丰田汽车公司的一位老推销员是这样设计自己的名片的:他的名片是一般人名片的三倍,上面除了印有公司名称、地址、联系电话之外,还用手写体写着这样一段话:客户第一,是我的信念;在丰田公司服务了 17 年是我的经验;提供诚恳与热忱的服务,是我的信用保证。在名片的上方还贴着一张他用两手比成 V 字的上半身照片。在名片的背面,印着他的简历,包括他简单的自我介绍、销售汽车数量的个人记录,还有联系方式等。这种设计独特的名片常常使客户对他产生很深刻的印象,当然这也为他与客户的良好沟通开了一个好头。

总之,我们决不可忽视销售工具在推销工作中的重要性,任何一次推销,我们都必须精心准备,不可遗漏!

作好被拒绝的准备和应对措施

拒绝,是令世界上每一名销售员都头疼的问题。但是,如果一名销售员从来没有听到过客户的拒绝,那么他就不是一个真正的销售员,充其量只是一个订单接受者。在一定程度上,客户拒绝就像吃饭穿衣一样普通,是销售过程中一个必然存在的部分。这也是为什么那些优秀的销售员都说:“拒绝是销售的开始。”但如果销售员不能很好地处理客户的拒绝,那么就很难得到客户的认同,也会影响自己的心情。毕竟,经常被拒绝会令人变得非常沮丧。

销售情景：

某化妆品公司的销售员在社区广场进行化妆品推广的过程中，遇到一对母女：母亲四十多岁，华贵大方，女儿二十出头，年轻漂亮。多年的销售经验告诉她，这两位是她应该争取的客户，于是她便走上前去。

销售员："下午好，太太、小姐，我是××化妆品公司的美容顾问，不好意思，打扰您几分钟……"

小姐："我最不喜欢你们××公司的产品了。"

这句话的意思很明显，这位销售员已经遭到了顾客的拒绝，但她并没有离开，而是继续微笑着与这对母女聊天。

"小姐看上去皮肤不错，平时很注重保养吧？"

"还行吧！"

"您目前在使用什么牌子的化妆品呢？"

"我用的是国外的牌子。"

"噢，这样呀，太太看起来非常年轻，您也是用国外牌子的化妆品吗？"

"是的，和我女儿用同样牌子的。"

"小姐以前接触过我们的产品么？"聊了几句，感觉客户的态度不错，销售员再次将话题转到自己公司的产品上来。

"是的……呵呵，我还用过呢！不过感觉不好。用了之后脸上发痒。"

女孩终于说出了对产品反感的原因，而销售员也明白了其实女孩原来用的那款产品是25~30岁女性用的，并不适合她。经过销售员一番耐心的解释，女孩才恍然大悟，最后还很高兴地接受了××化妆品公司举办的免费美容培训课程。

分析：

可能很多销售人员在遇到这种情况时，都会选择放弃，因为客户已经很明显地拒绝我们了，但这位销售员却能很好地调整心态，微笑着继续与客户沟通，并成功了解到客户拒绝的原因，化解误会。

在销售中，遭到客户拒绝司空见惯，久经考验的销售员会把遭到客户拒绝当成家常便饭，他们也明白，真正的销售就是从拒绝开始的。其实，被客户拒绝并非坏事，乔·吉拉德曾经说过："客户拒绝并不可怕，可怕的是客户不对你和你的产品发表任何意见，只是把你一个人晾在一边。所以我一向欢迎潜在客户对我的频频刁难。只要他们开口说话，我就会想办法找到成交的机会。"假设你约见的客户只是坐在椅子上，对你的介绍不闻不问，只是埋头看报纸或处理文件，这对销售员来说，可能是极其尴尬的场面。其实，不论客户提出的拒绝理由是什么，这些理由都会或多或少地给你提供相应的信息，这就为你这次销售的成功创造了机会。

客户提出的拒绝方式有很多种，面对形式各异的拒绝方式，销售人员需要了解客户不愿意购买的真正原因，然后才能找出最适宜的解决方法。这也是建立良好沟通关系、促进交易成功的关键。如果销售员一味地阻止客户的拒绝，则会引起客户的更大不满。所以，销售员要善于从客户的拒绝理由入手，寻找说服客户的方法。

1.当客户的拒绝是"本能"反应时

现实销售中，很多人一听到是搞推销的，就会本能地拒绝，这是一种自然的防范，而造成客户自然防范的原因很多。面对这种情况，销售员要注意自己的言行举止和说话的节奏，并尽可能地用舒缓温和的语调与客户进行沟通，减少客户的紧张感。必要时，可以拿出证明自己和产品信誉的实例来赢得客户信任。当客户感到放松并对你产生信任时，防范心理就会自然而然地消除。

2.当客户的拒绝是借口时

事实上，一般情况下，大多数客户拒绝我们都是一种借口。如果销售员不能明辨是非，误把借口当作真正的拒绝原因，就会搞错方向，离交易成功越来越远。

对于客户不愿说出真实拒绝原因的情形，销售员不能逼迫客户说出实情。对此，销售员可以采取一些迂回战术，如您担心的送货上门问题在我们公司是绝对不会出现的，这在合同上是有专门规定的，如果我们做不到这些，损失的会更多；您的这种说法我们可以理解，不过我想您真正在意的一定是其他问题吧……

的确，在销售过程中，销售员每天都会遇到各种各样的拒绝。当遇到拒绝时，销售员一定要保持积极的状态，弄清客户拒绝的原因，只有这样才能了解客户的真实想法，才能想办法应对客户的拒绝。如果发现客户的拒绝只是一种自然而然的防范心态，就需要以比较温和轻松的方式继续沟通，如果客户真正拒绝，那么就保持优雅的风度，把精力放在发展客户关系上。不论客户有没有购买产品，一旦建立了良好的客户关系，以后的拒绝次数自然会变少，而接受次数也会变多。

◆第 5 章◆

与客户沟通讲究策略，引导客户想向你靠拢

任何一名销售员都明白，销售是靠嘴吃饭的一个行业，会不会说话往往决定了一名销售员的销售业绩和生存状况。但我们在与准客户沟通的过程中，如果一味卖弄你的口才，很可能会被客户无情地拒绝。因为真正高效的沟通不仅仅是说的过程，还需要我们懂得倾听、懂得鼓励客户多说、懂得调节谈话的氛围、懂得通过提问挖掘客户的一些潜在信息等。总之，一个好的销售员往往善于总结各种讲话艺术的优缺点，取其所长，在销售过程中综合运用。从而在整个沟通过程中运筹帷幄，并最终获得客户的认可。

开场先寒暄，炒热气氛更好沟通

在销售工作中，我们发现，那些能成功开发客户的销售人员，都有一个共同的杀手锏，即善于沟通，懂得如何与陌生客户寒暄。英国著名作家托马斯·卡莱尔曾说："礼貌比法律更强有力。"寒暄其实就是一种礼貌，也是与客户接触中一个比较重要的问题。通常，与客户的接触都是从寒暄开始的，然后慢慢寻找购买点、切入主题，这是与客户交往的一个过程。如果在与客户接触时，在本该与对方寒暄时，反而一言不发，或者直奔主题，则是极其无礼而冒失的。如果在拜访客户的过程中安排聊天的部分，可能会促使宾主两相欢，进而减少双方的心理障碍。

销售情景：

一个周六的早上，老年保健仪器推销员小林敲开了某准客户吴先生的门。开门的正是吴先生。

进门以后，小林扫视了一下客厅，整个客厅有种古色古香的感觉。不一会儿，他抬头看见满客厅的字画。很快，他就找到了与吴先生交谈的话题。

"哎哟，这字写得，我真不知道怎么形容好，吴先生，这是您从哪里弄来的墨宝呢？是市里哪位书法家的真迹啊？"

吴先生一听，顿时笑了起来，说："你真是见笑了，这是我父亲写的，他比较爱好这些，平时没事就舞文弄墨……"

"看来我今天还真是来对了，令尊现在在家吗？"

"这几天他去省城的姐姐家了，估计过几天才会回来。"

"真是可惜了，我还想要是令尊在家的话，我想向他老人家讨要点他的字画呢！"

"哦，原来是这样啊，这个你可以放心，我可以做主，送你几幅。"

“太谢谢您了……”

就这样，吴先生与小林就中国字画的问题聊了起来。聊到尽兴之时，小林突然装作乍然醒觉的样子说：“吴先生，您看，我和您一聊到这里，就忘了我今天来原本是要……不过，您不买也没关系，我今天可是收获颇丰啊。”

“你说的是老年保健仪器？老爷子身体现在越来越不好了，我也没时间陪他锻炼身体，要不，你回头送一台过来给我看看吧。”

“好的，谢谢吴先生啊。”

分析：

案例中的客户吴先生为什么会如此爽快？很简单，因为销售员小林在提出销售问题前与他进行了一番语言的铺垫，得体地与之寒暄了一番。在小林进门之后，就对客户家的一些特点进行了一些观察，于是，他很快找到了与客户寒暄的话题。我们再细想一下，难道他真的不知道这些字画出自客户父亲之手？当然知道！他这样问，只不过是让自己的赞美显得更真实可信。于是，针对客户家里这些与众不同的“风景”，小林与客户展开了一番深入的交谈，他很快便获得了客户的好感。此时，小林再提出自己拜访的真正目的，客户的抵触情自然少了很多。在这种情况下小林依然不忘提及自己“今天拜访收获颇丰”，这就更加深了客户对自己的良好印象。这时，客户再从自己的角度考虑，很爽快地表明自己有购买需求。

在“寒暄”一词中，“寒”是寒冷之意，“暄”是温暖之意，合起来是问寒问暖。所以，寒暄就是与客户拉家常，聊客户喜欢的话题，比如：“王主任，您的小孩在哪个学校念书？”

其实，寒暄的主要用途是在人际交往中打破僵局，缩短人与人之间的距离，向交谈对象表达自己的敬意，或是以此向对方表示乐于结交之意。所以说，在与他人见面之时，若能适当地寒暄，往往会为双方进一步的交谈作好铺垫。与客户交往也是如此，当与客户见面时不直接进入主题，而进行适当的寒暄，有助于拉近彼此之间的距离。与客户寒暄、聊天其实是打消客户戒备心理的一种方式，有利于建立一种友好的合作关系。

总体来讲，我们可以从以下几个方面与客户寒暄。

1.天气

天气是最好的聊天话题，中国人见面时也喜欢谈论天气。另外，以天气为话题与客户寒暄，因为不涉及利益关系，对方一般都愿意搭话。当然，除了把天气当话题之外，还可以把天气当作关心对方的题材。

但是，对于与天气有密切关系的行业的客户，谈论天气时一定要有所注意。比如，如果你与一位雨衣或者雨伞销售商寒暄时这样说："最近一点雨都没下，秋高气爽，天气简直太好了。"对方一定不会给你好脸色看。

2.新闻

最近的新闻也是与客户寒暄的好话题。新闻可以引起客户的好奇或共鸣，作为一名销售员，我们一定要多看报，因为报纸上有许多新颖的话题。

销售员永远是和人打交道，而不是与电脑或其他机器打交道。聪明的销售员会审时度势，从客户意想不到的角度谈话，从而引起客户对产品的兴趣。

3.兴趣

人们通常都愿意谈及自己的兴趣，因此，兴趣也是与客户聊天的一个好话题。与客户聊起兴趣时，必须与客户统一步调，也就是说不要批评客户的嗜好。例如，不能说："哎呀，我觉得钓鱼不好，只有那些糟老头子才喜欢钓鱼。"而应该说："钓鱼不错，可以修身养性、陶冶情操，还能在大自然中呼吸新鲜空气，对身心都很好啊。"

学会与客户寒暄，在客户意犹未尽的情况下，往往会顺利进入推销阶段。有时候，商业上的成功之道不是刻意推销，而是打动人心。学会与客户寒暄，赢得客户的好感，就为推销产品铺平了道路。

开口后先别急着推销，循序渐进得人心

开发新客户，与客户做生意，销售人员最终要与客户接触。但出于将产品推销出去的根本目的，一些销售员在拜访客户时，显得很盲目，见了客户不知道该说什么、怎么说，只是简单地介绍一下自己，然后就极力向客户推销产品，结果还没开口介绍就被客户拒绝，只得灰溜溜地走开，销售业绩也不尽如人意。大多数客户可能会说他没时间或者对你的产品根本不感兴趣。之所以遇到这样的尴尬有三个原因。其一，客户真的没时间；其二，客户对销售抱有抵触心理；其三，销售的对象不明晰。那么如何避免一开口就遭拒绝这样的尴尬呢？乔·库尔曼采用了"约访，但不销售"的方式。这种方式值得我们所有行业的销售员学习。

销售情景：

小周是一名保险推销员，最近，他得知某公司的王总还没有买保险。于是，他选择了一个周五的早上，来到这家公司。

"王总您好，我姓周。我们以前没见过面，但可以和您谈一分钟吗？"但还没等他反应过来，对方就说："我马上要去开会！"

小周马上说："那么半个小时后我再来找您好吗？"对方毫不犹豫地答应了。

半个小时后，小周再次出现在王总的接待室："王总，您好！我姓周。您叫我半个小时后来找您……"

"你是干什么的？"

"我是保险公司的业务主管，主要是为客人设计一些保险理财投资计划……"

对方接口说："我不需要保险。"

小周说："我今天来，并不是推销保险，只是为您提供一些资料，以后您有什么需要，可以再找我。"

对方笑了笑，没说什么。

获得对方的允许后，小周开始为他介绍公司的一些业务，而在介绍的过程中，并没有提及让客户购买的事情。

介绍完之后，小周对客户说；"您以后有这方面的需要再找我吧，感谢您今天百忙之中抽时间接待我。"礼貌地道别后，小周就离开了。

但没想到第二天，这位王总居然主动给小周打电话，约小周出来谈购买保险的事情。原来，小周和其他保险推销员不同，并没有立即让王总购买保险，而是以良好的态度为王总介绍保险知识，正是这一点，让王总欣赏。

分析：

案例中，我们可以看出，小周的推销结果是令人满意的，而这得益于他在与客户沟通的过程中，采用了得体的说话方式。

在现实销售过程中，一些销售员为了尽快将产品推销出去，在说话时过于急躁、露骨，未免显得过于功利化，甚至引发客户的反感。其实，我们应该认识到，初次与客户接触，我们要做的是开发潜在客户，而不是急于把产品卖出去，初次拜访就可以签下订单的情况也很少。另外，客户在接受销售员的拜访时，他们的压力也是非常大的，他们会担心受销售员欺骗，担心买的产品不适合等。这时，最忌讳的方式是硬推产品，因为这样做会使客户压力过大最后放弃购买。也就是说，我们在拜访客户时，说话不可太露骨。

那么，我们在与客户说话时，该如何做到不急不躁、不露骨呢？

1.不占用客户太多时间

说好占用对方几分钟时间就占用几分钟，尽量不要延长，否则客户不但认为你不守信用，还会认为你喋喋不休，那么下次再想约见他恐怕就很难了。当然，如果客户自愿延长时间与你交谈，那就另当别论了。

2.说话速度不宜太快

语速太快不利于对方倾听和理解，同时也不利于谈话的进行，因为语速太快会给对方一种压迫感，似乎在强迫对方听你讲话。

3.准备充分，事先准备好一套让客户接受的说辞

登门拜访和电话预约一样，事先要有一个计划。这个计划，就是一套或几套引导对方对产品引起注意、对销售人员建立好感、积极进行约会的说辞。其中包括如何说开场白、介绍产品的功能、了解对方的情况、什么时候拜访等。有了这样的计划，在销售中就可以从容不迫。

4.讲话应热情和彬彬有礼

热情的讲话易于感染对方，彬彬有礼的话语，同样易于得到有礼貌的正面回答。像“您好”、“打扰您了”、“如您不介意的话”等礼貌用语，应成为销售人员的口头禅。同样，开门见山也是较受欢迎的说话方式，拿腔捏调、故意卖关子、吞吞吐吐都易招致对方反感。

5.不能急于推销产品

应以介绍产品信息、了解对方状况为主。降低销售意味，反而易于达成约会机会。

6.要留下对方的联系方式、地址等资料，并作好记录

这样做的好处在于，即使这次客户拒绝了，你也可以事后多联系客户，关心客户，与客户加深感情。总之，这有助于下一步销售的筹划，也可借此建立客户档案。

7.保持良好的心态

销售员在拜访客户时，还要保持良好的心态，面带微笑，声音悦耳，不要给自己和客户压力，这样在客户面前才会显得更有亲和力。

总之，一个好的销售员往往善于总结各种讲话艺术的优缺点，取其所长，在销售过程中综合利用。总之，在与潜在客户沟通的过程中，要做到准备充分、有勇有谋、多留后路，才能把握整个拜访的进程，并运筹帷幄，进而减少急躁、急功近利的情况。

引导客户多说话，并做最好的聆听者

我们都知道，沟通是互相的，销售过程中的沟通也是如此。因此，销售员在开发客户的过程中，仅仅将产品的卖点传达给客户、巧舌如簧地劝说客户购买是不够的，我们还要引导客户多说，这样做的目的一是为了让销售员多了解客户的信息；二是为了变单向沟通为双向沟通，让客户由被动接受变为积极参与。因为我们的产品只有在满足客户需求的情况下，才能真正打动客户。当然，客户是不会主动说出自己的需求的，因此，我们还要在倾听的同时适时地回应，引导客户说出自己的真实想法。

销售情景：

刘华是某公司销售部的经理。在一次新人培训的过程中，他亲自带着一位刚入职的业务代表去拜访一家大公司的采购主任方先生。

双方见面后，业务代表与采购主任方先生之间的谈话不是很畅快。经验丰富的刘华经理看出“问题”出在双方交谈时缺少某些“润滑剂”。于是，他灵机一动，突然想起在来的路上，业务代表曾经对他说方先生有一对双胞胎女儿，今年刚刚上小学，方先生特别疼爱她们。于是，刘华趁机与他聊起了女儿。

“听说方先生有两个非常可爱的女儿，是吗？”

“是的。”方先生脸上顿时流露出一丝微笑。

“听说还是双胞胎？今年几岁了？”

“7岁了，这不已经上学了。我下班还要去接她们呢。”

“听说她们的舞蹈跳得特别棒。”

“是呀，前几天还代表学校参加了全市的演出呢。”

提起女儿，方先生的话多了起来，聊了一会女儿，方先生主动把话题引到了这次见面的业务上。

“其实,你们公司的产品……”

分析:

我们发现,案例中的销售经理刘华是一个善于与客户沟通的人。当他发现客户与业务代表之间的交谈不顺利时,便立即找出了客户感兴趣的话题——客户的双胞胎女儿,进而慢慢消除了客户的心理障碍。如果在开始业务代表与方先生交谈不顺利的情况下,业务代表或者刘华依然坚持谈业务,那么,过不了几分钟方先生肯定就会下“逐客令”。但是,刘华抓住时机,巧妙地引入方先生感兴趣的话题,打破了僵局。

的确,一个优秀的销售员能很好地把握听与说的度,不仅懂得倾听,还懂得给予客户适时的回应,从而在引导客户说的过程中挖掘出客户的真实需求,从而成功地完成销售。

那么,具体来说,我们该如何在倾听中回应客户呢?

1.集中精力,专心倾听

这是有效倾听的关键,也是实现良好沟通的基础。要做到这些,应该在与客户沟通之前作好充足的准备,如身体、心理、态度以及情绪准备等。疲惫的身体、无精打采的神态以及消极的情绪等都可能使倾听收效甚微。

2.不随意打断客户谈话

这一点很重要。随意打断客户谈话会打击客户说话的热情和积极性,尤其是客户情绪不佳时,打断客户的谈话无疑是火上浇油。所以,最好不要随意插话或接话,更不要不顾客户喜好更换话题。

3.注意客户的反馈

客户的反馈是指客户作出的可以识别的反应,如客户做出的某些动作,“摇一下头”、“皱一下眉”或是想要说些什么,这些对营销人员来说,都是客户发出的信号。

通过敏锐的观察和感觉,你可以调整自己的说话速度或者话题。如果营销人员注意不到这些信号，或是未作出反应，就意味着是错误的或者不完全的沟通。

4.善于激发客户的谈话兴趣

让整个身体姿势来展示你倾听的兴趣，不要轻易打断客户，而要通过点头示意或者鼓励性的微笑，并不时地以“哦”、“我知道了”、“没错”或者其他话语让客户知道你对他谈话内容的赞许，鼓励客户说话。必要的回应应当在客户说完以后，因为一旦谈话被打断，一些反映客户需求、动机、感情的事实和线索就可能会被遗漏。

5.以提问的方式回应客户

变换开放式的提问方式：即客户可以用自己的语言来回答和解释的提问形式而让客户用简单的“是”或者“不是”来回答大多数封闭式提问，这是一种很好的获取买方反馈的办法。

6.澄清客户的谈话

在回应客户的反馈时，必须澄清对方的意图，向对方阐明你如何理解他的意图。你可以使用这些话语：“我刚才听你说……”“我理解你主要关心的是……”或者“……我说得对吗？”

另外，老练的营销人员还善于利用非语言反馈，在整个沟通过程中不断运用反馈技巧，能够帮助你和客户建立彼此间的信任。

虽然大多数人认为销售员拥有一副三寸不烂之舌，却忽视了他们更是一名最佳的听众。如果销售人员不善于倾听，就容易造成误解。更为严重的是无法把握客户的真实需求，而与客户的购买意图背道而驰。

巧妙提问，轻松探明你想了解到的信息

任何一位销售人员都知道，在我们开发客户，与客户初次沟通的时候，出于防备心理，对方会有意无意地隐瞒一些信息，如真实的需求、喜好、经济

实力等方面，而这些方面，都对我们接下来的销售工作起着至关重要的作用。那么，我们怎么才能探明客户的这些信息呢？其实很简单，提问！但在提问时，一定要注意方式，最好以温婉探问的方式，尽量在悄声无息中了解，否则，很容易引起客户的反感，丢失生意。

销售情景：

一天上午，某汽车4S店来了衣着普通的先生。店内的销售人员对这位先生上下打量了一番后，都没有主动上前为其服务。而销售员陈莹则不同，她走过去主动和客户打了招呼："先生您好，我是这家4S店的销售员陈莹，很高兴为您服务。"为了不打扰顾客看车，作完自我介绍后的陈莹就在一旁观看，并未出声。

就这样，这位先生一个人在店内转悠，一会儿说这辆车价位太高，一会儿又说那辆款式不漂亮。看到一旁的陈莹，他说："我今天只是随便看看，没有带现金。"

"先生，没问题的。我和您一样，有时也忘了带。谁也不会身上随时带着很多现金，您尽量看，有什么问题可以问我。"

"好的，谢谢你。"然后，稍微停顿一会儿，陈莹观察到客户有种脱离困境、如释重负的感觉。陈莹想：他是真的没带钱，还是没有购买能力呢？于是，针对这个问题，陈莹决定大胆地试探一下顾客。

"先生，您有中意的车吗？"

"那辆奥迪不错。"

"是的，您的眼光不错，这辆车最近卖得很好。"

"是吗？可是，能分期付款吗？"这下子，陈莹明白了，原来顾客是担心价格和付款方式问题。于是陈莹说："当然可以，您现在就可以与我们签约。事实上，您不需要带一分钱，因为您的承诺比世界上所有的钱更能说明问题。"

接着，陈莹又说："就在这儿签名，行吗？"等他签完后，陈莹再次强调说：

"您给我的第一印象很好,我知道,您不会让我失望的。"

结果确实没令她失望,第二天,这位顾客就带来首付提走了那辆车。

分析:

这则销售案例中,销售员陈莹之所以能轻松推销出去这辆车,是因为她和其他销售员不同,面对衣着普通的客户,她还是愿意一试。并且,最可贵的是,她敢于主动试探客户,从而让客户自己道出了购买的顾虑——希望分期付款。的确,客户的购买能力是决定客户是否能完成购买的关键因素之一,客户没有经济实力,即使他们的需求再强烈,也不会购买。

当然,除了购买力之外,销售人员需要了解的客户隐秘信息还包括客户的需求、客户的信誉状况、支付方式等。那么,具体来说,销售人员该怎样通过提问获得呢?

1.进行积极的发问

这种问法的目的是主动引导客户,获得对方的肯定回答,并诱导顾客作出决定。销售员只有不断地通过积极的发问去促使顾客多说"是",才能抓住时机,步步深入,引导客户作出一个又一个的购买决定。

2.积极建议式的提问

销售人员应该多采用建议式的提问,使客户跟着你的思路走。

"还有什么需要我来完成的吗?事实上,您只须在这里签个字,这张保单从明晨零点起就生效了。"

"您看保险费是年付还是季付?"

"相信您一定非常清楚这张保单的保障功能吧?"

"这张保单应该很适合您吧?"

在交谈中,应避免用下面的方式:

"您看怎么办?"

"您是不是盖个章或签个字?"

3.让客户在"是"或"否"中作出选择

为此，销售员需要对谈话进行精心的设计，把客户的需求涵括在你的提问中，让客户自己作出选择。

例如：

客户："我们现在用的豆浆机，打出的豆浆都感觉不细腻，好几次喝豆浆的时候，都感觉有残渣。"

推销员："所以您希望您的豆浆机打出的豆浆口感更细腻，是吗？"（用选择式询问确定需要）

客户："是。"

4.积极询问客户的要求

不断询问客户，了解客户的要求，随时为客户解决问题。

"您喜欢两个门的还是四个门的？"

"哦，我喜欢四个门的。"

"您喜欢这三种颜色中的哪一种呢？"

"我喜欢白色的。"

"你需要带调幅式的还是调频式的收音机？"

"还是调幅式的好。"

"您要车底部涂防锈层吗？"

"当然。"

"要有颜色的玻璃吗？"

"那倒不一定。"

"车胎要白圈吗？"

"不，谢谢。"

"我们最晚可以在6月15日交货。"

在引导客户作出一系列小决定之后，这位推销员递来订单，轻松地说："好吧，先生，请在这儿签字，现在您的车子就可以投入生产了。"

在这里，销售人员所问的一切问题都假定对方已经决定购买了，只是尚未定下来买什么样的而已。

5.尊重客户

“我这样讲清楚吗?”

“我都说了这么几遍了,你怎么还不明白?”

在上面两句话中,很明显第一句是最好的,因为这句话体现的是对客户的尊重。这句话的意思是,如果客户没有弄明白销售员的意思,那么是销售员表达得不够清楚,客户自然能接受;而第二句中,销售员则把客户没有弄清楚的原因归结于客户,伤害了客户的自尊心,这样的话在销售过程当中一定要避免,因为客户会认为销售人员在贬低、嘲笑他的智商,这样只会引起客户的反感。

总之,销售员在与潜在客户沟通的时候,可以通过积极的提问来了解客户的某些信息。当然,一定要注意提问方式,尽量委婉,太过直接、明朗会引起客户的负面情绪。

巧妙挖掘并创造客户的需求,让客户连连赞同

在销售过程中,销售员要达成交易,必须经过以下四个步骤,即引起顾客注意,激发顾客兴趣,刺激顾客购买欲望,促使顾客采取购买行为。而在客户开发的过程中,前三步是为购买作铺垫,很明显,达成购买协议前最重要的一步,就是激发顾客的购买欲望,让顾客感受需求紧迫。一个优秀的销售员并不害怕客户说“我不需要”,因为他们同样能找出客户购买这种产品背后的真正需求或价值观,然后调整自己的销售方式及产品介绍过程,让客户明确地感受到这一产品能够符合他们内在的价值观,并满足他们购买产品所需要获得的感觉。

1.挖掘客户心中的利益点和抗拒点

专业营销人员的主要工作是找出客户购买产品的主要诱因,了解自己的产品到底能给客户带来哪些利益。同样,客户在购买产品时,不但有一个

最重要的购买诱因，也有一个最重要的抗拒点。因此销售员还要找出客户不购买这种产品最主要的抗拒点。这样一来，业务员把所有的注意力都放在让客户了解并且相信这种产品能够带来的利益点，并且能有效地解除他们购买产品主要的抗拒点，客户就会购买产品。客户购买产品最主要的抗拒点因人而异，可能是产品价格，可能是售后服务，可能是竞争对手，也可能是你这个人，等等。

在销售过程中，客户的内心往往是挣扎的，因为他们会在利益点和抗拒点之间权衡，而销售员就是要找到客户的利益点和抗拒点，然后放大利益点，缩小抗拒点，也就是应该把大部分的注意力放在挖掘客户的需求上，放在我们的产品能为客户做些什么上。即使我们的产品具有 10 项优点，而真正能够吸引客户的可能只是其中的 10%或 20%，也就是其中的一项或两项。所以我们必须花费 80%以上的时间详细地解说这一项或是两项的优点，让客户能够完全地接受或相信，才能增加我们对客户的说服力。

2.为客户描绘拥有产品后的幸福画面

一位销售员要为客户推销一栋老房子。一进入院子，太太便发现后院有棵美丽的樱桃树，很高兴地对丈夫说："你看，院子里这棵樱桃树真漂亮！"而当这对夫妇进入客厅时，却对陈旧的地板、掉皮的墙壁都不满意。销售员对他们说："虽然地板有些陈旧，但这栋房子最大的特点是从客厅向窗外望去，可以看到那棵美丽的樱桃树。"然后，不管这对夫妇指出这栋房子有什么缺点，销售员都一直强调："是啊，这栋房子是有一些缺点，但有一个优点是其他房子没有的，那就是从任何一个房间的窗户向外望去，都可以看到那棵美丽的樱桃树。"最终，这对夫妇毫无怨言地花了 50 万美元买下了"那棵樱桃树"。

故事中，这对夫妇之所以会买那套老房子，并不是房子本身的价值，而是"那棵樱桃树"，销售员一直强调樱桃树给客户带来的幸福感，并不断为客户描绘这种幸福的画面。最终，客户购买了这套老房子。实际上，他们是购买了自己心中的"樱桃树"。而实际上，每个客户在购买产品的时候，心中都有"一棵樱桃树。"如果我们能不断为客户描绘这棵"樱桃树"，那么，客户心中的美好图像也就建立起来了，成功推销也就水到渠成。

让客户感到需求的紧迫性，使其主动成为你的客户

作为销售人员，在开发客户的过程中，如果你与客户的关系“不冷不热”，那么，你的业绩肯定也好不到哪里去。而原因一定是你没有让客户认识到购买产品的紧迫性。

的确，我们与准客户沟通，明明发现对方对产品感兴趣，却始终不肯表态，这是因为这种购买意愿被他们储存在大脑中，没有激发出来，要激发这种购买欲望，就需要销售员采取提问的方式。所以，销售员不仅要尽量地满足客户需求，还要尽可能地提高客户需求的紧迫感。

销售情景：

销售员小王供职于一家电脑公司。一天，他拜访了一位客户。经过了解，小王发现，这位客户对于电脑系统的安全性非常重视。

销售员：“如果您的电脑系统忽然停止工作，并且一天都无法修复，会出现什么情况呢？”

客户：“那么，我的工作可能无法正常进行，很多重要资料和会议记录也可能无法提取，而且这将会影响到我的客户，那将是非常糟糕的事情。”

销售员：“那么，系统崩溃是如何影响您的客户的呢？”

客户：“如果我的策划方案无法按时交给客户，我可能会失去客户。”

销售员：“如果您的文件因为系统崩溃而全部丢失，您会怎么办？”

客户：“那是我最不想看到的，我可不希望发生这样的事。”

销售员：“那么，您来试一试我们的电脑系统吧，它将会给您带来安心的体验，将为您避免许多不必要的麻烦……”

客户：“是吗？那么你们的产品……”

分析：

销售员小王之所以能让客户有兴趣了解产品，在于小王采用了层层推进的提问方式，让客户产生了一种不购买产品就会对自己造成严重损失的感觉，这就让客户产生了一种购买产品的紧迫性。从小王的这种提问经验中可以看出，销售员在向客户提问时，要做到有的放矢，切中实际的问题，才能不断提升客户的这种紧迫感，客户为了获得内心的这种安全感，一般都会产生购买欲望，并作出成交决定。

那么，如何提高客户的需求紧迫感呢？

1.开发客户的想象力

通用电气公司曾经有这样一次推销经历：

很多年前，通用公司致力于推销照明设备，但有个小学，一直不肯购买教室黑板的照明设备。销售员联系了无数次，说了无数的好话，但均无结果。

这个难题无法解决之时，有个聪明的销售员想出了一个招儿，使得销售难题迎刃而解。他是怎么做到的呢？

原来，这天，他当着学校校长和老师的面作起了示范：他拿了根细钢棍出现在教室黑板前，两手各持钢棍的端部，说："先生们，你们看我用力使这根钢棍弯曲了，但我不用力它就又直了。可是如果我用的力超过了这根钢棍最大能承受的力，它就不会恢复了。同样，孩子们的眼睛就像这弯曲的钢棍，如果超过了孩子们所能承受的最大限度，视力就会受到无法恢复的损坏，那将是花多少钱也无法弥补的啊！"

果然，他的示范奏效了，很快，那所小学就更换了所有的教室黑板照明设备。

通用公司的推销员在向这所小学推销照明设备屡次遭拒后便转换了说服方式，他在校长和众多老师面前作了一个绝妙的示范，让校长和老师们都认识到照明状况对孩子们视力的重要性。而事实证明，这一方法奏效了。

可见，在向客户介绍产品时，充分调动客户的想象力是非常重要的。让客户跟着我们的思维走，在我们预设的思想基础上去想象，客户对产品的印象就会更深刻，理解也会更透彻，客户自然就会对产品产生和我们相同的认知，销售活动自然就畅通无阻了。

2.了解客户需求，然后通过客户需求深化困难

在深化客户困难前，销售员要了解客户需求。然后，通过提问，对客户的内心需求进行一步一步分析，让客户认识到如果不购买产品可能造成的影响甚至困难等，客户在内心进行一番权衡之后，自会作出有益于自己的决定，也就是购买产品。

例如，在销售员向客户推销吸尘器时，销售员就可以使用深化困难的提问方式，逐步增加客户需求的紧迫感，提问可以包括以下内容：

您每天花在擦灰尘上的时间是多少？

灰尘对人身体的伤害是巨大的，你在打扫灰尘时，是不是感觉不舒服？

尤其是孩子，更需要一个干净的成长环境，不是吗？

销售员这样不断深化客户所能遇到的困难，向客户展示缺少产品给客户带来的严重性，就能逐渐提高客户对产品需求的紧迫感，从而更快地作出成交决定。

3.持续提醒客户困难的存在

想要让客户的需求转化为购买产品的强烈欲望，销售人员还要不断提醒客户，但应注意向客户提问的频率，尽量保持提问的连续性。客户只有被提醒，需求感被强化，紧迫感才会增强。

抬高客户，让客户有受尊重的感觉

“好为人师”，是人性的一个弱点。孔子说：“人之患，在好为人师表。”每个人都希望得到他人的尊重和敬仰，这一点，不分年龄、性别以及职业等。

法国大作家罗曼·罗兰说:“自尊心是人类心灵的伟大杠杆。”只要你能满足对方的自尊心,你也就掌握了对方。推销员利用人类的这一弱点,尊称对方为老师,抬高客户,甚至可以虚心向对方求教,这样对方就会心情舒畅,心中充满温暖和同情,对你抱有好感,从而不自觉地接受你的推销。

销售情景:

有名电脑推销员叫杨平。一次,他向某大公司推销电脑。工作努力的他,加上平时腿脚勤快,能够吃苦耐劳,成交希望非常大。但他没料到的是,“半路杀出个程咬金”,在关键时刻,该公司总经理把这项购买事宜交给了一个技术顾问——电脑专家陈教授。经过考察,陈教授私下表示,两种厂牌,各有优缺点,但在语气上,似乎对竞争的那一家颇为欣赏,杨平一看急了,“煮熟的鸭子居然又飞了?”于是,他准备进行最后的努力,于是,他找了个机会,口沫横飞地辩解他所代理的产品如何地优秀,设计上如何地特殊,希望借此改变陈教授的想法,谁知道,还没等他说完,陈教授不耐烦地冒出了一句:“究竟是你比我行,还是我比你懂?”这话如五雷轰顶一样惊醒了杨平。不过似乎已经晚了。

当杨平垂头丧气地回到公司,向同事诉说了这件事后,一位同事告诉他:“为什么不采用以退为进的策略推销呢?”并向他传授了“向师傅推销”的技巧。“向师傅推销”,切记的是要绝对肯定他是你的师傅,抱着谦虚、尊敬、求教的心态去见他,一切的推销必须无形,伺机而动,不可勉强,不可露出痕迹,方有效果。

于是,杨平重整旗鼓,再次拜访陈教授。见面之后,他一改自己的说话习惯,对陈教授说:“陈教授,今天,我来拜访您,绝不是来向您推销。过去我拜读过您的大作。上次跟老师谈过后,回家想想,觉得老师分析得很有道理。老师指出在设计上我们所代理的电脑确实有些东西比不上别的品牌。这笔生意,我遵照老板的指示,放弃了。不过,陈教授,您在××公司担任顾问,我希望从这笔生意上学点经验……”杨平说话时一脸的诚恳。

陈教授听后，心里又是同情又是舒畅，于是带着慈祥的口吻说道："年轻人，振作点。其实，你们的电脑也不错，有些设计很有特点。唉，我看连你们自己都搞不清楚，譬如说……"陈教授谆谆教导，杨平洗耳倾听。这次谈话没过多久，生意又起死回生了。

分析：

这则案例中，推销员刚开始向他的准客户热情地推销，却失败了，这是因为他忽略了对方的自尊心，大谈自己产品的优势。然而，他犯的错误就是，试图显得比客户更高明是不会赢得客户好感的；同样，他能挽回败局，将一笔快泡汤的生意又成功拿下，其原因是利用了人性的弱点，通过求教，满足了对方的自尊心，赢得了对方的好感。可见，抬高客户是赢得客户好感的一个重要方法。

那么，具体来说，我们该如何抬高客户呢？

1.尽量让对方有说话机会

即使是一对一的个别谈话也应如此，你可以对对方说："让我听听你的经验。""关于这个问题，你有什么意见？"

2.不要试图打断对方的谈话

有些时候，即使你们的意见产生了分歧，你也不要打断对方。因为，当他有许多话急着一吐为快的时候，是不会理你的。因此，你要耐心地倾听，抱着一种开阔的心胸，诚恳地鼓励他充分地说出自己的看法。

当对方说完以后，你再表达自己的意见，这样，对方会明显有一种被尊重的感觉。同样，对方也会以尊重来回馈你。

3.虚心倾听

比如，对他们渊博的学识表现出敬佩，这不仅让他们好胜的心理得到满足，也会为了表现自己而向我们传授更多的知识。

4.说话不过分掩饰自己

有时候，我们不想让对方看透自己，觉得对方发现自己的弱点是个糟糕的后果，可是，这样做的结果是你束缚了自己，也不可能畅所欲言、自由表现。但谦虚并不是虚伪，没有人喜欢与虚伪的人交往。为此，我们要把真实的性格展现给对方。对方会佩服你的坦诚相见。具备坦诚这一交际品质的人往往更容易俘获人心。

5.不要反驳

如果客户说出的是我们不同意的观点、意见，我们会在心里阐述自己的看法并反驳对方，但我们不要急于反驳或者作出判断，对不同想法和不正确的观点，要等对方说完以后再作进一步的交流。

6.适当使用讨教的语气交流

我们可以降低姿态，以讨教的语气进行交流。比如，你可以问对方："请问，您刚才说的电脑的配置，指的是哪些方面呢？"倾听时如此反馈，一来可以体现出你在认真倾听；二来可以满足对方好为人师的心理，以此促成销售。

虚心请教是让别人产生优越感也是体现自己谦逊态度的重要方式，所以，你可以问对方："关于我的看法，你有什么意见？"

用这样的方式引发对方的思考，为他创造说话的机会。而且，你也可能会因为让他有了说话的机会，而引发他对你的好感。

美国一位著名的哲学家说："驱使人们行动的最重要的动机是做个重要人物的欲望。"可见，说话谦逊，抬高客户，会使对方听起来更悦耳舒服。这也是我们在开发客户过程中要使用的一项必备说话技能！

沟通时间与地点的选择尤为重要

在拜访潜在客户前，我们必然要与之约见具体时间。一些缺乏经验的销售新手在工作时热情很高，也掌握了熟练的沟通技巧，但还是总会遇到没等切入正题就被客户拒之门外的情况，这往往是因为没有选择恰当的沟通时间。如果在不适当的时间与客户进行交流，客户很可能会认为自己的事情受到了打扰。比如，当客户情绪低落的时候，或赶上客户正忙得不可开交之时，销售人员贸然上门，通常不会达到预期的沟通效果。

销售情景：

邹云是一名厨具推销员。这天，他打算对曾经购买过产品的某个公司进行一番用户调查，以便后面的新市场工作的开发。

销售员："您好，能否打扰您一下，我是××公司的销售员，以前贵公司买过我们的产品，现在想作一个使用调查，占用您片刻时间就够了，不知是否可以？"

客户："不可以！你没看见我正忙着吗？真是的，刚才老板还打电话来催，怪我没有及时把报表送上去。我没有时间，你改日再来吧。"

分析：

这位客户为什么会拒绝邹云？原因很简单，因为他没有选对拜访的时机，此时，客户正处于忙碌状态，根本没有精力与销售员沟通。可见，沟通时机不恰当，往往使销售员无功而返。销售员如果在一个合适的时机与客户进行沟通，那么，取得的效果就会好得多，有时甚至会马上取得销售的成功。那么，销售员如何来选择恰当的沟通时机呢？

沟通时机的选择主要看两个方面。

1.时间的选择上

事先对客户大致的时间安排进行充分了解，可以有效避免尴尬局面的发生。而如果掌握了足够的信息，销售人员就不会选择在客户不在时上门；如果清楚客户的工作规律，就可以避免打扰客户紧张忙碌的工作。

因此，我们对潜在客户拜访前，一定事先做好准备工作，比如，要对对方的职业进行一番了解，因为一般情况下，客户的时间安排状况是和他的职业有一定的关系的。

不同类型的客户的时间安排是不同的，按照不同的工作性质划分，大多数客户的时间安排大致如下：

公务员：可以选择上班时间与他们沟通，不过最好要避开午饭或者下班以前。

教师：周末、寒暑假或者每天下午放学以后，他们比较轻松。

医务工作者：周末或节假日他们常常比较忙，每天上午十点前或下午四点后可能相对轻松。

银行工作人员：周末、节假日、月初、月尾及大多数企业的工资发放时间都比较忙，通常，上午十点前或下午四点后相对轻松。

餐饮业人员：用餐前后是他们最忙碌的时间，最好在上午十点左右，或者下午三四点之间与他们联系。

财务工作人员：月初和月尾都非常忙碌，最好在月中与之联系。

……

尽管上述有关客户的时间安排有一定的规律可循，但是仍要注意规律之外的事情的发生，比如一些突发事件的出现等，况且并不是所有的客户都会遵照这些规律安排自己的时间。为了更全面地了解潜在客户的时间安排，销售人员最好能多作一些调查，比如了解客户最近是否有外出计划、是否生病、是否有其他活动安排等。

另外，我们选择与客户沟通的时机，最好还要把客户的情绪也照顾到，一些比较愉快或者对客户来说具有非同寻常意义的时间，很可能是最有利于展开互动沟通的时间，比如，客户的生日、结婚纪念日、节假日，或者刚发工资、得到晋升等。

总之，对客户的具体时间安排了解得越清楚，销售人员就越容易寻找合适的时机与客户展开沟通，从而最大限度地避免无功而返或引起客户厌烦。

2.环境的选择上

很多时候，一些销售员都忽视了地点的选择与准客户的沟通同样重要，不恰当的沟通地点可能会使客户感到不舒服、不方便或者受束缚。

所以，致力于开发客户的销售人员，在与准客户沟通前，最好先根据不同的客户特点和沟通内容，学会选择令客户感到放松和愉悦的地点，尽可能地避免商业氛围较浓的谈判场合，除非是那些需要通过商务谈判来保持联系的大客户。

销售人员必须本着“方便客户、利于销售”的原则来选择沟通地点，尽最大限度地令客户感到方便和愉快，不要为了自己的方便而使客户感到麻烦。比如，选择客户的家中、办公室或者就近的餐厅、茶楼等，千万不要选择客户不便到达的地点。

根据不同的产品特点和沟通内容，在选择沟通地点时，销售人员还应该注意以下几点。

(1)事先预约，避免扑空。

(2)可以到客户的工作地点销售与工作有关的产品，千万不可拖拉，否则会打扰客户的正常工作时间。

(3)如果你推销的是某些生活用品，那么，你可以大方地到客户家中推销，或者选择一些生活气息浓厚的地方，如小区广场等，尽量不要到客户的工作地点进行销售。

(4)想要单独送礼物或请客户吃饭时，最好不要选择人多的场合，以免客户尴尬。

如果我们能在与客户见面前，首先了解一下客户的时间安排，并选择合适的地点，那么，一般情况下，客户是愿意赴约的。

◆第 6 章◆

客户在哪里，善用各种渠道挖掘你的客户资源

推销的第一步是寻找客源，几乎每一个推销员都知道，有多少客户和如何开发客户决定了一个推销员推销事业的成败。对于一个推销员而言，寻找顾客就如同淘金者寻找黄金一样重要。但是有的推销员要问：“满大街都是推销员，上哪儿找，怎么找客户啊？”事实上，推销中从来都不缺少客户，是你缺少一双发现客户的眼睛。在我们生活和工作的周围有各种各样的渠道，如网络搜索、入户拜访、电话营销等，无论哪种方法，只要能为我们所用、最大范围地帮助我们抓住属于自己的潜在客户，做好销售业绩即可。

利用网络搜寻到你的客户源

现代社会，网络为我们的生活带来了极大的方便，也给销售员提供了无穷无尽的信息。可以说，网络是最便捷的宣传渠道。销售员不仅可以通过网络把客户搜索出来，还可以通过网络了解更多的客户信息，如客户的产品、经营状况、财务状况。另外，网络上很多资源都是无偿的，而且一年365天都可以提供服务；网络的成本比较低，但是效果却是不容忽视的。网络从其诞生起，就成为许多网络精英获取财富的一个极其实用的手段。因此，作为一名销售员，要想自己的业绩有所提高，一定要利用好网络这个庞大的资源。

销售情景：

小小是名外贸业务员，对于她来说，寻找海外目标客户一直是比较头疼的事情。因为在这个过程中，她需要花费大量的时间和精力来寻找客户，而不能集中精力在与客户的沟通和交流上。而在多年的外贸工作中，她也发现：最后的成功很大程度上要归功于获取客户信息的专业性，因为丰富的海外客户信息无疑是开拓国际市场成功的起点。

这可难倒小小了，她从小生活在国内，哪儿知道海外市场的客户信息呢？正头疼之际，一个偶然的机会，让她找到了解决问题的途径。

这天她休息，无聊的她来到朋友小柳家，小柳有家自己的网店，近期雇了一个店员，也就使她可以腾出时间陪自己的老朋友了。

“最近生意怎么样？”小小问。

“挺好的，有点忙，不然也不会雇人。告诉你，我的生意居然走出大陆了，很多港澳台的朋友也很看好我店里的衣服，今天就卖了好几件呢。”

“是吗？真不错，我最近就头疼了呀！”

“怎么了？”

“还不是寻找海外目标客户的事,你说我们老板真是高估我的实力,我们这些业务人员哪有这能耐!”

“嗨,原来是这事啊,很简单嘛,现在网络这么发达,你为什么不通过网络搜索呢?”

“对呀,我怎么忘了这一点! 可是,我也不知道怎么搜索啊,你经常泡在网上,估计有点经验吧?”

“那当然……”

于是,小柳便有模有样地做起了小小的指导老师。

分析:

案例中的外贸业务员小小的苦恼之所以得到顺利解决,得益于她的朋友小柳。的确,在寻找潜在客户的方法中,网络搜索是最常用的,而且也是最简单、最方便的一种方法,更是获取信息量最大的一种方法。而对于新入行的电话销售员,在没有其他资源可利用的情况下,网上找客户是他们起初最好的选择。

销售员可以通过以下方式充分利用网络资源。

(1)在网站上注册并发布自己公司、产品的信息,并定时更新。

(2)运用有名的搜索引擎进行搜索,这时候要注意选择适合的搜索关键词。

先在网上通过一些商业网站去搜索一些你需要的客户的资料,或通过大型的搜索引擎,如百度、雅虎、谷歌等,用关键词搜索;不要固定用一个搜索引擎,同样的关键词,用不同的搜索引擎就会有不同的结果。这里,我们介绍一些搜索方法以供参考。

①关键词搜索法。找这个行业的行业网,每个行业几乎都有行业网站,你就用关键词搜索。诸如某专业网,某行业协会、展会商的网站等。找到了,一般就会在这些网上看到会员列表。还有在这些专业网和行业协会网站上有很多相关链接,也很有用。

②产品名称搜索法：你可以输入关键字：产品名称+关联产品名称。这样的搜索结果往往是一些目标客户网站和行业网站。

③买家搜索法：产品名称+你的行业里面著名买家的公司简称或者全称。这种方法可以帮助你找到行业市场的情况，并能在相关的网站中找到其他买家的名字。

④寻找有链接到大客户网站的网页。即用搜索引擎查找大客户网站的链入网页。无论什么情况，链入网页很可能是个比较专业的网页，考虑到该网页可能同时包含其他潜在客户，所以非常值得关注。

⑤寻找有引用客户网址的网页。方法同上，查找的一定是引用客户网址的页面，而不是链入页面。

(3)搜索竞争对手。竞争对手的网页上往往会展示他们的成绩，这无疑为你提供了一个认识更多的客户的机会。

当然，利用网络搜索到的客户，往往因为在寻找的过程中很难对客户作出有效的评估，很难判断这个客户是否属于潜在客户群，很难判断该客户是否就是决策人。所以，我们在网上找到后，还要进行很大一番的确认工作，这也正体现了寻找客户源这一工作的艰辛。

登门拜访，给自己多个机会

可能很多销售人员认为，在各种寻找客户资源的方法中，直接入户拜访是最容易被客户拒绝的方法，因为人们对于陌生销售人员的拜访，往往都因心存戒备而不假思索地拒绝。但实际上，直接拜访客户能帮助你迅速地掌握客户的状况，效率极高，同时也能磨炼销售人员的销售技巧及培养选择潜在客户的能力，因此，在办公设备、保险业、图书销售等行业，被广泛地使用。

但我们同时需要注意的是，入户拜访时，如果你的拜访显得过于直接和突兀，那么，就会加重客户的防备心理。相反，如果我们能在拜访时把话说得自然、得体些，就能有效拉近与客户间的距离。

销售情景：

高文是一名销售经验丰富的销售主管。他传授给手下销售员们很多销售经验。

一个星期一的早晨，高文正在开例行会议，安排本周的工作计划和布置重点工作。此时，突然有人敲门，原来是一家文具用品公司的业务员上门推销。

“对不起，我是某某文化用品公司的……”没等对方说完，在座的一些下属就不耐烦地说：“你没看见我们正在开会吗？”

对方见此情况便悻悻地走了。

高文对在座的下属说：“被他这么一打扰，我都不记得说到哪里了。”心里对这位不速之客顿时产生了反感。

他接着说：“我们刚讲到拜访客户的一些相关事宜，你看，这位小伙子就给大家做了一个反面教材，我们在拜访客户的时候……”

分析：

案例中，我们发现，这位不速之客之所以会让这些开会的客户心生反感，主要是因为：首先，他选错了拜访的时机，在对方忙碌时拜访，无异于撞在枪口上；其次，他在推门进去之后，就开始自报家门，开始推销，没有寒暄，没有铺垫，太过直接，对方自然无法接受；最后，在被拒之后，他的态度是悻悻离去，不具备一个专业的销售人员应有的良好的心理素质。

可见，入户拜访，销售人员一定要注意自己的说话态度和表达方式，真正打动人的是自然、贴切并带有情感的话。成功的销售员大多能做到这一点，因此，他们即使拜访陌生客户，也会显得顺理成章。

那么，在拜访客户的过程中，我们该如何表现自己自然的说话态度呢？

1.拜访客户前要，对客户进行分析，不做无用功

这一点，需要销售员在正式拜访客户前进行充分了解，比如，通过电话沟通。前期与对方的电话沟通并不是仅仅为了联络销售，而是为了了解对方，建立一个鲜活的客户形象。

在登门拜访前，我们要对即将约访的对象进行一番分析，然后进行筛选，以提高拜访时进行交易洽谈的成功率。因为有时候，无论我们如何努力，客户总是不付诸购买行动，此时，很有可能就是客户真的不需要。换言之，如果我们不进行一番筛选，那么，我们可能就会多做很多无用功。

筛选完客户，我们更要对自己即将拜访的客户问题作一番分析，所谓知己知彼，百战百胜。你了解客户越多，你成功签单的概率就越大，你需要了解对方，知道对方的一些习惯、可接受的语气、喜欢的表达方式、着重用词部分等。

2.准备充分，事先准备好一套让客户接受的说辞

任何一项销售进程，都必须做足准备工作，登门拜访客户也是如此。我们需要一套如何引起客户注意、如何给客户留下好印象、如何让客户信任我们、积极进行约会的说辞。其中包括选择拜访的时机、见面之初该说什么、怎么介绍产品的卖点、了解对方哪些情况等。有了这样的计划，我们在销售中就可以有的放矢、从容不迫。

3.要谈论客户感兴趣的话题，来突破双方的不协调

实践证明，如果销售员能在谈话中激发潜在客户谈话的欲望，那么，对客户开发工作是极为有利的。为此，销售员在谈话过程中要尽量以客户为中心，摆事实讲道理。同时还要善于不断找出新话题，形成一个完整的拜访过程。这个过程包括：

找到适合此次拜访的“开场白”；谈论客户感兴趣的话题；让对方对此次要解决的问题作出评估；用恰到好处的赞美或表态式的结论加以总结。

4.拜访中的交谈须做到:坦诚、自然、微笑、不卑不亢

其实,在日常生活中,与人沟通,做到这几点并不难,但面对客户,我们则很难做到。因为我们有所求。

因此,我们在与客户沟通前,必须调整好自己的心态,要抛弃给自己施加的压力,对此,不妨这样告诉自己:拜访客户,只是为了建立与客户的信任,给客户留下良好的印象,并不一定要在第一次约访的时候就达到销售目的。这样一想,我们自然就轻松了很多。这样,我们在与客户交谈时就能做到:坦诚、自然、微笑、不卑不亢。

可见,作为一名销售员,在寻找客源的过程中,我们不仅需要胆量,敢于直接登门拜访,更要掌握与客户沟通的技巧。诚然,我们不可能与拜访的每一位客户达成交易,但应当努力去拜访更多的客户来提高成交的百分比。而要达到这一目的,以上任何一个细节性的话语都不可或缺,将这些话说得得体、到位,才会给客户留下良好的印象,从而有助于我们的推销工作!

电话生金,“电”出你的客户

作为一种常见的营销方式,电话营销被越来越多的企业所运用,同时,它也作为一种特殊的寻找客源的方式被销售员们所接受,因为电话最能突破时间与空间的限制,是最经济、最有效率的接触客户的工具,您若能规定自己每天抽出时间至少打五个电话给新客户,一年下来能增加 1500 个与潜在客户接触的机会。

当然,我们若想成功通过电话挖掘客户,“电”出客户,还需要掌握一定的打电话的技巧,以便激发出客户的兴趣。

销售情景：

销售员：您好，王先生，打扰了，我是A公司的小王，我们上次在贵公司见过面，还记得吗？

客户：记得，上次不是和你说清楚了吗，你怎么还打电话？

销售员：不好意思，又给您添麻烦了，我只是想给您提供一些能够帮助您节省30%的成本的资料，我们可以见一面吗？见一面不一定做成生意，但是，确实能帮到您！

客户：就是你推销的那种设备吗？

销售员：准确地说，是我们的科技结晶，价值所在。

客户：哦，那具体是什么呢？

销售员：短时间内也说不清楚，而且我担心误导您。如果您有时间，我给您看些资料，您看怎样？

客户：行啊！

分析：

范例中的小王通过电话与潜在客户沟通的时候，并没有采用过多的语言修饰，而是有礼有节地与客户沟通，先从帮助客户节省成本的角度与之沟通，激发了客户继续听下去的欲望，进而达到成功约见客户的目的。

电话交流是现代最方便、最快捷的通讯方式之一，对销售员而言，打电话也是一个增进与客户之间感情的非常好的途径，只要销售员能充分利用电话沟通的优势，与客户建立起感情账户，就能帮助自己更好地开展工作。电话营销，虽然与客户未曾谋面，但要想让客户对我们的产品产生兴趣，我们同样需要掌握很多沟通技巧、注意很多问题。

1.唤起客户的兴趣

兴趣永远是引起话题的最重要前提，作为客户，他们一般在听到自己不感兴趣的事物时都会搁下话筒。因此，销售员打出电话后，最重要的任务就是尽快提起客户的兴趣，为此，销售员必须精心准备，通过你的声音、语言和技巧等打动客户，从而引起客户注意，使客户产生兴趣。

（1）提出问题，引发客户自己思考。客户的某些购买需求是需要提醒的。当然，对此，销售员必须对客户进行全方位的了解，才能有的放矢，对客户提出疑问。

（2）恰当赞美。赞美是需要技巧的，恰当的赞美，不仅能赞美客户，还能提高自己。例如，“很明显，在蓝总您的带领下，贵公司在塑胶行业已经占据了领先地位，为此，也给我们销售行业带来了很大的市场，我们公司所提供的集团客户旅行去年占全行业的38%，远较第二名的5%要高出不少……”

（3）提醒客户问题的严重性。例如，“张先生，我们不能预测灾难，但一旦灾难发生的话，我们就没有办法挽回了。近年来，我市每年都有××人因为火灾失去幸福的生活，因此，我建议您能了解一下我们推出的……”

2.站在给客户提供价值的角度设计对话

注意自我称谓，很多销售员会给自己的职业后面加上顾问这一称呼，这样，会显得更专业，要知道，客户更愿意将自己的利益交给相对专业的人士。比如，如果卖保险，你应该将自己定义为财务顾问，如果卖家具，你可以将自己定义为室内设计顾问。

如果你所销售的产品解决了某一行业存在的一些问题，那么，你就更应该强调其特殊的功用，给产品带来卖点。例如，“我们新推出的这一款手机，已经解决了手机电池待机时间短的问题，一般情况下，它的待机时间可达一个多星期，这为很多客户带来了极大的方便……”

现代人购买产品，更注重产品所带来的利益，为此，作为销售员，你可以抓住这一点，帮助客户尽可能多地了解产品给他带来的利益。例如，“如果我能向您展示一下如何将贵厂的工作效率提高百分之三十，您会有兴趣和我讨论吗？”

3.有礼有节，注意礼貌和说话语气

销售员是靠嘴吃饭的，嘴上功夫如何，直接关系到销售员的业绩，具有良好口才的销售员一般会把礼貌性用语“您好”、“打扰您了”、“如您不介意的话”等礼貌用语当成口头语。同样，开门见山也是较受欢迎的说话方式，拿腔拿调、故意卖关子、吞吞吐吐都易招致对方产生反感。

4.不要急于推销产品

电话营销与约见形式的推销活动毕竟不同，电话销售应以介绍产品信息与了解对方的购买状况为主，如果你急于卖出产品，则可能会物极必反；相反，你降低推销意味，反而易于达成约会机会。比如，作过自我介绍之后，你可以说：“我想问您一下，贵公司有没有这种节约生产力的仪器?”如果对方回答“有”，则进一步问清其购买的年限、牌子、生产厂家、使用情况等，然后再介绍自己的产品。如对方回答“没有”，就可以直接介绍自己的产品，最后约定见面商谈的时间。

可见，在电话营销开始后，销售员要做的就是先向客户介绍自己与公司，然后逐渐将精力放在如何引起客户的兴趣和注意力上。

销售人员做好了以上这几点，可以说已经突破了障碍，向成功约见客户迈进了一步。

小小短信帮你搜罗更多客户

任何一个销售员都知道，寻求潜在客户无论是对于企业还是个人，都有着极为重要的影响。在延续企业生命上，开发新客户，对于企业在营运、财力、管理、品质上有莫大的影响。客户足以影响企业的营运，为求新客户的持续加入，企业必须努力经营，才能获得客户的信赖。根据统计，在市场竞争法则下，厂商每年至少丧失若干旧客户，但每年至少还会开发若干新客户，二者平衡下，其中变化不大；若不采取计划性的拓展，则将来对客户之经营，势必十分吃力。但开发新客户确实是一项艰巨的工作，特别是从事这个行业之初，你的资源只是你对产品的了解而已，你需要通过很多种方法来寻找潜在客户，而且你花在这上面的时间也非常多。销售员通常都为此苦恼，害怕上门拜访会遭到拒绝，担心电话营销会被客户直接挂机，那么，你不妨从另外一个更为间接的方式入手——短信。可能这种方法在效率上会比较慢，但绝对可以让那些潜在客户逐渐认识你和你的产品。

销售情景：

程明是个房屋中介公司的置业顾问，进公司不到一个月，经过培训，他学到了很多销售技巧。但考验他的时刻也到了。两星期后，经理就让他独立寻找客源，和其他员工一起正式工作。

这可难倒了程明，他不知从何入手。于是，他每天只好对着电脑，从公司的资料库中提取客户资料，然后挨个打电话，但收效甚微，几乎每打一个电话，都被客户无情地挂断。他为此很苦恼，这天，他坐在电脑面前发呆，被经理看到了，经理对他说："你这样可不行，我看你刚开始工作，倒不如先尝试给客户发短信，最好不要打电话。"

"发短信？这样行吗？我看客户会连看都不看。"

"那得看你得短信怎么发了。"

"怎么发？"

"一字一句都要说得语重心长，想想看，打电话，客户很可能立即就把你忘记了；但是短信的话，则会让客户记住你。"

"说的也是，经理，您能给我作个示范吗？"

"可以呀，你看……"

分析：

案例中，这位经理说的话是有道理的，短信的好处在于，能让客户更深刻地记住你。的确，在寻找潜在客户的过程中，可能很多销售人员认为，打电话来得更直接、效率也更高，但对于像案例中的程明这样的销售新手，从短信入手，能帮助他们避免很多沟通技巧上的不娴熟。另外，短信则能助帮客户留住对你的记忆，这是电话营销所不具备的优点。

有一些销售人员会产生和程明一样的疑问——如何利用短信搜罗客户？

1.根据企业提供的名单向客户发短信

许多企业都向销售人员提供业绩名单，为了成为优秀的销售高手，你还需要从中找到自己的潜在客户。这样，即使从企业的名单中毫无所获，你也能有所准备。如果你一直在寻找潜在的客户，你将遭遇最小的挫折，大踏步前进。

对此，检查一下过去客户的名单，你不但能获得将来的生意，还将获得他们推荐的生意。

2.扩展你的人际关系，从名片入手

人际关系是企业的另一项重要的产业，销售人员的人际关系愈广，接触潜在客户的机会也就愈多。如何扩大销售人员的人际关系呢？建议从以下方面着手。

准备一张有吸引力的卡片：你要让你接触的人知道你是谁，你能提供什么样的服务，名片能让你接触的人记得你。

参加各种社团活动。

参加一项公益活动。

参加同学会。

另外，最重要的是，无论你认识了谁，不要忘记向对方索要一张名片，因为，这样，你就能获得与之联系的方式，从而找准机会给其发短信。

3.从特定区域的电话簿开始

如果你的销售工作是针对企业而言的，你就可以从当地的电话簿开始。如果你的产品或服务带给他们更多的生意或者让他们工作更有效，你应该和他们取得联系。如果你希望扩大潜在客户的范围，就应该查找至少含有800个具有姓名地址的目录。

当然，采取短信寻找潜在客户还有更多获取名单的方法，需要我们在日常工作中多加留意。

如何从竞争对手那里挖到客户

客户是产品销售的对象,客户的多少直接影响着产品的销量。如果不去开发新客户,客户只会越来越少,因为不存在天上掉馅饼的美事。同时,销售行业竞争日益激烈,作为企业生力军的推销员,也应该认识到从竞争对手那里得到客户是寻找潜在客户的一种方式。但是,当我们在与竞争对手的顾客接触时,他们普遍会有以下的一些反应:"我已经从你的竞争对手那里得到一个很好的价格了。""你所提供的产品及服务都很好,但是我很满意我现在的供应商。"而这些就给我们的销售员带来了很大的挑战,如何才能扭转局势呢?

销售情景:

小王是甲食品公司的推销员,人缘不错,经常因为生意关系和客户成为朋友。他曾经认识一个李先生是食品经销商,因为李先生受过小王的帮助,所以两人关系很好。

李先生同时也是乙食品公司的经销商。这天,他到乙食品公司要求做产品广告,以提高该产品的销售效率,乙公司的秘书冯小姐一见李先生进来,忙将手中的资料放进抽屉,进了经理办公室。

李先生等了约五分钟不见冯小姐出来,就站起来四处走走,蓦然间发现冯小姐没合严的抽屉里放着一份产品促销策划书。又过了一会儿冯小姐出来了,她告知李先生公司暂时没有做广告的打算。

第二天,李先生便来找小王。寒暄过后,李先生问小王:"乙公司最近有什么动静?"小王摇了摇头。"没动静就表示有大动作。昨天我到他们公司去办事,无意中发现他们正在作产品促销策划……"小王忙将此事告诉了经理,经理马上召开紧急会议,连夜赶了份促销策划书,促销活动比乙公司提前一步进行。当天有许多乙公司的客户参与并签订了购货订单。

分析：

案例中，我们发现，推销员小王是幸运的，他和客户交朋友，让客户主动地为自己传递信息，从而帮助自己轻而易举地从竞争对手那里得到客户。当然，除了这种方法外，我们从竞争对手那里得到客户的方法还有很多，但无论如何，我们需要提前做到以下三点。

1.“知己”还要“知彼”

推销员在推销产品之前，除了要“知己”，还要“知彼”，也就是说，除了对自己的产品有很深刻的认识外，还应充分了解竞争对手的产品及销售情况。很简单的道理，只有洞悉出对手的弱点，才能在竞争时攻其要害，成功抓住争夺客户的机会；相反，如果你太过盲目，不但争夺不到竞争对手的客户，还会让他们对自己的产品产生怀疑，影响公司的形象。掌握对手情况主要是掌握对手的售后服务和发展速度怎样，产品的真正价格是多少，对手在销售中的弱点等。

那些聪明的营销人员一般会这样做：他们会从竞争对手招聘推销员的广告中了解对方推销员流失的程度，然后抓住这个机会拉拢对方的客户。

也有这样一些销售员，为了获取竞争对手的信息，他们会假扮成对方的工作人员或者招聘人员，以便从中获得有利于自己的销售信息。这里，我们需要提醒的是，后者是一种不道德的竞争方法。

2.超越竞争对手

提到这个问题，可能一些销售人员会认为，只要产品质量过硬就可以，的确，这点至关重要，但除此之外，我们还必须为客户提供完善的售后服务。售后服务，顾名思义，就是产品售出后的服务。任何一个产品的卖出，都不代表销售的结束，而是销售的真正开始。推销员要想争夺到竞争对手的客户，售后服务的质量是关键。如果售后服务做得不好，客户迟早会离你而去。

小郝和小陈都从事家电推销工作，却有着完全不同的销售业绩。他们主要销售电视机、洗衣机等大件家电产品。

每次客户要货，小郝都会亲自送货上门，按客户的要求放到客户认为最合适的位置。如有客户告知需要维修，小郝就会及时赶到，快速高效地修好；而小陈同样也实行送货上门服务，但每一次都是把货送到门口甚至楼下就不管了，客户要求上门维修，他却迟迟不愿照面，经过三催四请终于来了，却修理不到位，修好的电视没多长时间就又出现故障了。

凑巧，小郝的客户和小陈的客户住得不远，有一次，闲聊的时候，话题就和家电有关，小陈的客户听完小郝客户的反馈，感叹万分，经过介绍，小陈的客户见到了小郝，并亲身体验了一下他的售后服务。从那儿以后，小陈的客户每遇到亲戚朋友需购买电器时，都会把他们介绍给小郝。前不久，他的儿子结婚添置的家电产品几乎都是从小郝的公司买的。

3.利用对方内在的调整，渗透挤进

世间万物都在不断地变化着，企业也是如此。几乎每家企业每年都要进行机构或人事调整，作为推销员，要想争夺竞争对手的客户，此时是一个大好时机，因为企业调整期或制度不完善或人员不到位，就容易出现漏洞，若此时推销员抓住机会渗透挤进，必会轻松争取客户。

如果我们能做到以上三点，那么，也就不愁从竞争对手那里挖不到客源了！

利用会议场所这个好时机发掘客户

销售工作中，无论我们是灰心丧气，心情沮丧，还是意气风发、斗志昂扬，每天都要与客户促膝交谈，了解情况、搜集信息，精心筛选准客户，希望能开发出有效的客户资源。然而，实际工作中，好多销售员跑断腿、磨破嘴，绞尽脑汁，用尽办法，也难以找到准客户，最终因客户枯竭，经营艰难，导致销售失败。而实际上，我们发现，那些成功的销售员，在寻找准客户的过程中，都不是盲目寻找，而是有的放矢，如各种会议场所都是他们关注的焦点。因为一般来说，这些会议场所，会云集各种行业精英人士，在这类场合搜集客户信息，远比毫无目的地上门推销要省力得多！

销售情景：

小叶是保险公司的推销员。她在保险推销上，有一套自己的心得。比如，她喜欢积极参加市里举办的各种会议和活动，善于在这些场合挖掘潜在客户。

每次会议前，小叶都会通过会议的举办人获得这些客户的资料，然后再采取一些有针对性的措施。

如果她知道哪位客户爱好旅游，她就会给客户送一些旅游资料。如有的客户要出国，她就从网上搜集这个国家的相关资料，整理成小册子送给这位客户。小册子介绍了这个国家的风土人情、流通货币和餐饮食宿，客户用起来很方便。同时，小叶还会向客户介绍旅游保险，以及境外援助的方式等。

再比如，对于那些长期在外出差的、有较强购买力但还没有买保险的准客户，小叶会送给他们一些卡单式短期意外伤害保险。这种期限为几天的意外伤害保险，特别适合他们。

小叶就是通过之种方式和他们一步步建立关系的，并让他们对保险有了更进一步的认识，从而慢慢成为自己的大客户。

分析：

案例中，小叶子寻找准客户的方法值得我们效仿。比如，通过会议举办人，小叶能了解到客户的信息，如果客户爱好旅游，那么，小叶抓住给准客户送所需的旅游资料的机会，自然而然地推销出了与客户出行相关的旅游保险。另外，对于那些没有购买保险的有潜力的客户，她采取送卡单式短期意外伤害保险的方式，加深他们对保险的认识，也增强了他们对她的信任。经过如此的沟通，当他们有一天需要购买保险时，肯定会先想到小叶的。

那么，我们可以通过哪些活动来搜集客户信息呢？

1.展会寻找法

每年各个地方都有不少交易会或者展会，如广交会、高交会、中小企业博览会等，只要是符合你的行业属性、产品属性的展会，你都可以光顾。在会展上你可以搜集到大量的客户资料，甚至现场寻找客户、联络感情、沟通了解。展示会是获取潜在客户的重要途径之一，但事前您需要安排好专门的人收集客户的资料，客户的兴趣点以及现场解答客户的问题。

即使您的公司没有组织展示会，但您的客户群体组织的展示会同样重要，当然您要有办法拿到他们的资料。

2.会议寻找

会议寻找是指利用参加会议的机会，通过与其他与会者建立联系来寻找客户。例如，新产品洽谈订货会、产品展销会、贸易年度洽谈会、高交会、广交会、中小企业博览会等，以及其他类型的展览会等。

销售员想在博览会和商业展览中成功获得新客户，就要作好充分准备，当人们走到摊位前仔细观看产品时，销售员应该记下他们的名字和地址，以便日后与客户广泛接触和联系。

3.大型专业市场寻找法

大型专业市场如汽车汽配市场、美容保健市场或某某商品一条街等，来到这里不仅可以获取到大量的潜在客户资料，甚至还可以在现场物色潜在客户。在这里来来往往的人，几乎都是可以为你提供一些宝贵信息的人。

如果我们能从以上几种活动的现场多留意客户，收集客户的信息，那么，一定会对销售员有所帮助的！

各种聚会场合挖掘客户资源

在现代商业社会，要生存和发展就必须具有较强的竞争力。销售行业竞争之激烈更是有目共睹。而这种竞争不仅包括才能、素质等方面，还与人脉有重要的关联。人际关系好，就会有广博的客源，做起生意来就会得到众人的支持，在与对手的竞争中就会处于优势地位。一个优秀的销售人员，从不封闭自己，而是注重构建自己的人脉关系，增强自己的竞争力并经常参加各种聚会，在聚会上挖掘出一些客户资源。

销售情景：

方先生独自经营着一家纺织厂，他虽然三十岁了，但还保持着二十几岁的心态和激情，经常参加各种同学、老乡聚会等，即使他的生意并不好。

有一个周末，方先生从朋友那里得知，他的初中同学要举办个小型的聚会，他二话没说便答应准时参加。

这天，在酒桌上，他得知一个同学手上有一批积压的布匹，准备低价出售，因为这位同学马上要出国定居，想在出国前处理好此事。当这位同学提到这件事的时候，其他人都表示爱莫能助，但方先生心想，这批布匹是外贸产品，在国内市场同样可以销售出去，所以，如果自己低价收购的话，还可以赚些中间利润。而最重要的是，这样做可以让自己交到一个很好的朋友，大家是同行，也有助于双方建立良好的合作关系。

但当他回到厂里说出这个想法后，很多老员工提出质疑，自己厂是生产布匹的，厂里的货还没有发出去呢，怎么还接手这么个烂摊子呢？当他向这帮老员工说明个中利害关系后，大家都说方先生有先见之明。

果然，这位同学很感激方先生，并表示以后他会把自己的老客户都转给方先生，他还不断向自己的朋友夸奖方先生，为方先生介绍了很多单生意。

就这样，在不到两年的时间内，方先生的纺织产品风靡越南，他的生意也越做越大。

后来，方先生常说，“眼睛只盯着钱的人做不成大买卖。买卖中也有人情在，抓住了这个人情，买卖也就成功了一半。”

分析：

案例中的这位方先生是非常聪明的，虽然他的生意并不好，但他始终保持着热情，懂得利用参加各种聚会来扩展自己的人脉。如果当时他没有站出来为这位同学排忧解难，那么，他便会损失很多由这位同学介绍的客户。

参加各种聚会、广交朋友，无疑是挖掘客户、成功推销产品十分有效的途径。要知道，人脉资源越丰富，寻找客户的门路也就越多；你的人脉档次越高，你的钱就来得越快、越多，这已经是不争的事实。然而，并不是所有人脉都对我们的销售工作有所帮助，这就要求，我们在与人应酬和打交道的过程中，要做到善于发现，善于交往，并逐渐积累那些有利于销售的人脉。具体来说，我们可以从以下几个方面入手。

1.多结识“同道中人”

推销过程中，我们会接触很多的人，当然包括像我们一样的销售人员。其他企业派出来的训练有素的销售人员，熟悉消费者的特性。只要他们不是我们的竞争对手，他们一般都会和我们结交，即便是竞争对手，彼此也可以成为朋友，和他们搞好关系，我们也许会收获很多经验，在对方拜访客户的时候他们还会记着我们，我们有适合他们的客户也一定会记着他们。这是一种比较有效的寻找客户资料的方法，且不需要任何的投入。

2.结识专业人士，寻求他们的帮助

这一点，对于那些刚刚踏入销售行业的销售人员来说尤其奏效。因为对于所从事的工作的生疏会让你感到茫然，这时，你就需要一个能给你提供帮助的人，从他们那里获得建议，这对你的帮助非常大。

这就是专业人士，他比你有经验，对你所做的感兴趣，并愿意指导你的行动。关于这类专业人士，你需要到行业协会、权威人士、有影响力的人或者本地一些以营销见长的企业中去寻找。

在很多企业的销售领域，领导者都会安排一些销售新手和有经验的前辈一起工作，让前辈带新手一段时间。这种企业制度在全世界运作良好。通过这种制度，企业的前辈的知识和经验获得承认，同时有助于培训新手。

3.展开商业联系

不论你是否开始接触销售，你都有可能处在销售中。商业联系比社会联系更容易产生。借助于私人交往，你将更快地进行商业联系。你不但要考虑在生意中结识的人，还要考虑政府职能管理部门、协会、驾驶员培训学校、俱乐部等行业组织，这些组织带给你的是其背后庞大的潜在客户群体。

《红楼梦》的作者曹雪芹说过："世事洞察皆学问，人情练达即文章。"从某些方面来讲，也说明我们若要做一个优秀的销售员，若要挖掘我们需要的客户资源，就要懂得从人际交往和应酬中积累人脉，毕竟"多个朋友多条路"，"先赚人气，再赚信誉"。一个善于结交朋友、善于累积口碑的人，不仅处处受欢迎，而且遇难有人帮、办事处处通！

进入到社团等团体，有助于开发客户

推销的第一步是寻找客户，几乎每一个推销员都知道，有多少客户和如何开发客户决定了一个推销员推销事业的成败。即使在个人素质和外表上有所欠缺，推销技巧有些问题，并且知识比较贫乏，但如果能积累到足够有潜力的客户，那么仍然会有不错的业绩。换一个角度讲，如果没有任何潜在顾客，即使拥有超人的素质、突出的外表和丰富的知识，你也不可能销售出一件商品。因此，我们必须主动寻找潜在顾客。对于一个推销员而言，寻找客户就如同淘金者寻找黄金一样重要。但是，有的推销员要问："满大街都是推销员，上哪儿找，怎么找客户啊？"事实上，推销中从来都不缺少客户，是你缺少一双发现客户的眼睛。比如,工作之余,当你进入某些团体,发挥个人爱好与兴趣之时,你是否想过,你可以通过这种途径开发客户呢?

销售情景:

汽车销售员小林也是一名汽车爱好者,他参加了一个越野车俱乐部,每到周末,他就和这些会员朋友一起开车到郊外兜风。

小林虽然精通汽车零部件乃至修理等方面的知识,但对于汽车销售,却不是那么在行。这不,刚入职不久的他就遇到了问题,上哪里找客源呢?总不能天天待在店里,等着客户上门吧,天下可没有掉馅饼的美事。

这天,一脸沮丧的他找到朋友,向朋友倒了一肚子的苦水,结果没等他说完,朋友就说:"你傻呀!你这是占据有利资源却不知如何利用啊!"

"这话怎么说?"

"你在越野俱乐部有那么多朋友,大家都是有车一族,你怎么不找他们帮忙呢?"

"是啊,我怎么忘了这点,即使他们自己不买车,但都有需要买车的朋友。可是我怎么开口呢?我觉得不好意思啊!"

"怎么不好意思,如果他们需要车,那么,在你那里买和在其他地方买,不是一样吗?再说,如果你的服务态度好、售后完善,对方还会为你介绍客户呢!那么,你的生意就会财源滚滚了……"

分析:

案例中,汽车销售员小林虽然是汽车俱乐部的会员,却不知道如何利用资源,为寻找客源而烦恼,在朋友的点拨后,他才有所认识。

潜在顾客从何处来?他们会主动上门吗?有时候可能是这样,如对于一家零售店的推销员而言。但是,对于保险、复印机、美容护肤品和大百科全书的推销人员来讲,等顾客上门,似乎不太可能。这些推销人员必须走出去,主动寻找顾客。你的产品或服务是否只是针对某一个特定社会团体,如青年人、上班族、银行家、学生、零售商、律师或艺术家？如果是这样，那么这些人可能属于某个俱乐部或社团组织。和案例中的小林一样，如果我们能积极参加各种社团等，获取他们的名录，充分利用这一资源，那么在寻找潜在客户的过程中，将会容易得多。

1.俱乐部寻找

很多俱乐部是由一些公司牵头发起的行业组织，在这些组织的背后，是庞大的商业客户群体，作为一名销售员，你可以充分利用这些资源。同时，作为企业，也可以组织自己的俱乐部，为自己的企业建立一套客户网络。

作为一名销售员，为了找到更多的潜在客户，你可以参加多个俱乐部，成为这些俱乐部的会员，在俱乐部里积极进行社交活动，以便结交更多朋友，从中寻找目标客户。

2.当地行业协会利用法

基本上每个行业都有自己的行业协会，并且种类繁多，软件行业协会、纺织行业协会、汽车协会等，虽然行业协会只是一种民间组织，但我们千万不可小觑，因为恐怕没有谁能比行业协会更了解行业内的情况了。如果你的潜在客户恰好是某某协会的成员，能得到协会的帮助是你直接接触潜在客户的有效方法。

当然，寻找潜在客户的方法多种多样，进入社团只是其中一种，但是哪一种或者哪几种适合你目前的状况呢？不同层次阶段，不同做事方式，你可能寻找客户的方法也不同，但是想得到的结果却基本相同，那就是最大范围地抓住属于自己的潜在客户，提高销售业绩。

◆第 7 章◆

举办各种活动，吸引和聚集大批潜在客户

销售工作中，有些销售员会问，既然主动寻找潜在客户，上门拜访很容易被客户拒绝，那么有没有方法能让客户不请自来呢?当然有!那就是“造声势”——通过举办各种活动，在热火朝天中吸引大批潜在客户！因为通常来说，人们都有占便宜的心理，都有好奇心，都有社会责任感。如果我们能在举办活动中满足客户的这些心理，那么，“客”源自然滚滚而来!

利用节假日做促销活动，以此开发客户

人们都有爱占便宜的心理，尤其是购买产品的时候，在产品使用价值不变的情况下，他们都希望价格越低廉越好，或者得到的额外利益越多越好。从另外一个方面说，有时候，面对那些打折、促销的产品，即使他们并不是很需要，但依然会选择购买，因为他们害怕失去这样一个大好的购买机会。因此，在开发客户的过程中，如果我们也能抓住客户的这一共有心理，以节假日促销为诱惑条件，那么，很有可能打动客户的心。这也是一种最常见、最有效的开发客户的方法。

销售情景：

10月1日这天，在某科技产品卖场内，有一家小店的生意格外红火，不断吸引着前来购买电脑的顾客。进店的顾客，一看到杂乱的店面，准备扭头就走。可是，当他们看到货架上陈列的一些小家居用品之后，就停下了脚步。的确，那些从这家小店购买电脑的顾客都满脸喜气，并拿着店主赠送的小礼物。这家店主并不会主动送东西给顾客，而是标明：节假日，凡在本店购买产品，均有礼品相送。

实际上，这家小店平时的生意并不好，因为这家店从来不打折，从来不搞促销活动；自从销售员小王来了以后，说服老板"放长线钓大鱼"，结果，他的提议奏效了。这些买电脑的客户都觉得自己占到了便宜，还不断地对身边的朋友说："这个家居用品，至少得几百块，买他们家的电脑，真划算！"

分析：

的确，每个人都有贪小便宜的心理，很少会有人拒绝免费的东西。在很多情形下，客户想得到一点优惠，占点小便宜，更多的不是功利上的考虑，而是占到"小便宜"后所表现出的喜悦。而我们要做的就是,给客户占便宜找一个很好的理由,那就是节假日促销。客户有了占便宜的心理,就容易接受你推销的产品。

那么,具体来说,我们该如何利用节假日促销活动吸引客户,从而成功开发客户呢?

1.包装客户参与活动的好处

在确定了唯一的活动主题之后,受众群体也能够接受我们所要传达的信息,但是仍然有很多人虽然记住了广告,却没有参与活动或者形成购买冲动,为什么呢?那是因为他们没有看到与他们有直接关系的利益点,因此,在活动策划中应该直接地说明利益点。如果是参与有奖,优惠促销,就应该直接告诉顾客优惠额数量;而如果是公众活动,就应该告知顾客最能吸引眼球的吸引点,只有这样,才能使目标群体在接触了直接的利益信息之后引起他们的参与,从而达到目的。

2.包装客户购买产品的好处

(1)价格优惠。

我们会发现一个奇怪的现象,真正销路好的产品,往往不是那些价格昂贵的名牌,也不是那些价格低廉的产品,而是那些大搞优惠、特价的商品。其实,这就是商家利用了顾客爱占便宜的心理。因为价格促销、优惠的产品都有一个原价,顾客自然会把原价和现价进行对比,这样,就会得出一个结论:优惠并不是天天有,我很走运。即使那是客户根本没有需要的产品,他也会冲着产品价格上的优惠选择购买。并且,他们会在心里告诉自己:总有一天,我会用得着它的。

销售员在与潜在客户沟通的过程中,要尽量将客户的利益点用具体数据说明,而不要用"节省"、"便宜"、"赚钱"来介绍产品,这样极易给顾客一种模棱两可的感觉,要用具体的数字说明。比如说,告诉顾客产品便宜,究竟便宜多少钱最好作出具体说明。

一个销售网络广告的销售员希望客户能在网上打广告。客户提出疑问，在网上打广告究竟能得到什么好处？销售员算了一笔账：投资一个1450元的广告，每天至少产生100个以上的访问，以500天计算，每个访客成本为3分钱。以每30个人中有1个人成交，每天能赚多少钱呢？于是，客户二话没说就顺利地签单了。

（2）提供赠品能吸引消费者。

（3）找出借口，让客户独享便宜。

事实上，消费者不仅想占便宜，还希望"独占"这个便宜，所以，销售员可以适当地找个借口，让顾客独享便宜，而不是一定要把产品卖出低价。比如说，"趁着节日，我们刚开张，图个吉利，按进货价卖给你了！"这样一来，让顾客觉得便宜都让自己占了，这样的便宜，他怎么不会心动呢？

总之，客户最关心的永远是利益问题，给足客户诱惑的条件，促使客户产生及时购买的欲望，但销售人员要注意：

①注意自己的说话态度和表达方式。不要因为客户的预算不够而中伤客户，更不能伤害客户的自尊。

②要耐得住性子。很多客户一旦产生购买欲望，就会有很多问题。当我们为客户逐一解决这些问题后，生意自然就做成了。所以，销售员切记千万不能心急。

举办有创意的活动，以此来吸引客户

现实销售中，很多销售人员都有这样的疑问，为什么我热情地敲开客户的门，却总是被客户无情地拒绝？如果有这种情况，你不妨反思一下，你是不是对客户进行了千篇一律的推销："您好，请问您需要……"这样推销只有一个结果，那就是被拒绝。我们可以发现，那些优秀的推销员，总是能出其不意，用与众不同的点子吸引客户的目光，从而有利于进一步推销。

销售情景：

有一位推销空调的高手，他从来不滔滔不绝地向顾客介绍空调机的优点如何如何，因为他明白，人并非因为东西好才想得到它，而是由于先有相应的需求，才会感到东西好。如果没有需求，东西再好，他也不会买。

所以，他在推销产品时并不说"这样闷热的天气，如果没有冷气，实在令人难受"之类的刻板的套话，而是把那些有购买欲望的潜在顾客，想象成刚从炎热的阳光下回到一间没有空调的屋子里的样子，然后再诚恳地对他说："您在炎热的阳光下结束了一天的工作。当您一打开房门，迎接您的是一间更加闷热的'蒸笼'。您刚刚抹掉脸上的汗水，可是额头上立即又渗出了新的汗珠。您打开窗子，但一点儿风也没有；您打开电扇，吹来的却是热风，使您本来就疲劳的身体更加劳累。可是，您想过没有，假如您一进家门，迎面吹来的是阵阵凉风，那将是一种多么惬意的享受啊！"

分析：

案例中的空调推销员这套推销的方法值得我们学习：在对产品进行说明的时候，不要简单地介绍产品的一些功效，而是要懂得创新。比如，可以像这位销售员学习，为客户营造一种购买某种产品后的美好氛围，让客户自己想象，从而提升产品的魅力。

1.让客户参与，体验互动

销售员不能一味地介绍产品而忽视客户的感受，因为当你介绍的时候，客户很可能产生一些疑问，如果不给客户问的机会，没有互动这个环节，那么，客户会把这些疑问搁置，最终结果只能是：即使客户在你介绍的过程中对产品产生兴趣，但因存在疑问也会丧失这种兴趣。因此，销售员只有不断和客户互动，及时发问，才会了解客户的想法并很好地引导客户的思维。发问会让客户参与其中，对产品的感受更加深刻。

香港一家专营黏合剂的商店，为了使一种新型"强力万能胶水"广为人知，店主用胶水把一枚价值千元的金币粘在墙壁上，并宣称："谁能把金币掰下来，金币就归谁所有。”一时，该店门庭若市，登场一试者不乏其人。然而，许多人费了九牛二虎之力，仍然徒劳而归。有一位自诩“力拔千钧”的气功师专程赶来，结果也空手而归。于是，“强力万能胶水”的良好性能声名远播。

当然，这家黏合剂商店已经达到了预期的目的。

在向客户介绍产品时，充分调动客户的积极性是非常重要的。因为这样做，产品留给他们的印象更深刻，理解也更透彻。

2.调动客户的想象力，勾勒出产品所带来的幸福画面

一般情况下，聪明的销售员不会单单地为客户介绍产品，而是在产品的效果上下工夫。只有让客户感受到产品所带来的效果，客户才会产生购买的意愿。为此，这些聪明的销售员会在主观上帮助客户想象。但这就要求销售人员能够用自己的专业语言为客户的想象力铺平道路，引导客户朝着自己设定的方向想象，从而达到销售的目的。

“周末的早晨，您带着您的孩子们，穿着我们公司的户外运动鞋，来到郊外，舒展已经劳累了一周的身体。那天，有很多人一起爬山，当爬到山半腰的时候，有些人的运动鞋居然出现了问题，这些人将面临的是难以前进的道路……而您，却带着您的孩子挑战山顶的高度！”这是一段具有强烈对比性的想象，想象之所以为想象，毕竟不是真实的，但客户听到这段话后，是不会产生异议的，因为，这只是对产品的一种自信。

当客户了解这些以后，就会有一种想尝试的欲望，此时，我们的销售目的也就近乎达到了。

产品试用活动：让客户尝尝“免费的午餐”

开发客户的过程中，我们经常会遇到一些客户，无论我们怎样苦口婆心地劝说，其态度永远是：“我不需要！”“我不感兴趣！”客户的态度着实让我们

束手无策。但这并不意味着没有转机，既然客户不愿意听我们说，我们为什么不尝试让客户先试用一下产品呢？当客户亲身感受到产品带来的好处，拒绝的态度也就没那么强烈了，甚至会被产品的功效所吸引。这就是人们常说的“免费午餐”大法。实际上，通过体验产品激发顾客的购买欲望，比我们滔滔不绝介绍产品卖点的方法更有效。

销售情景：

这天，在北京的某个美食街的一家小店外，围满了人，原来大家都在排队买这家店的牛肉。这时，两个旅客走过来，问了其中一个排队的人：“大姐，这家的牛肉真有这么好吃吗？用得着你们都在这儿排队买？”

“那可不，我可不吹牛，不信你自己去尝尝？”

“还能先吃再买？”游客很诧异。

“是啊。”

游客抱着试试看的心态，尝了一下站在店外的服务员递过来的免费牛肉，吃完以后，他大赞道：“这味道，真是太好了！”还没等咽下去，就对自己的同乡说：“走，咱也去排队，这么好吃的牛肉还真是少见！”

分析：

人们都知道，天下没有免费的午餐，人们拒绝接受我们的推销，就是因为他们知道一旦接受，就要掏钱购买了。此时，如果我们告诉客户，你可以试用一下，买不买没关系，那么，客户自然就会放松警惕，体验产品，那么，我们再推销起来就容易得多了，因为我们已经引起了客户的注意力。

那么，我们该如何使用这种“免费午餐”大法来吸引客户呢？

1.要告诉客户“买不买没关系”

很多时候，客户因为戒备心理，会拒绝体验产品，他们认为销售员会为了推销而推荐产品。对此，销售员不妨主动打消客户在体验产品前的顾虑和芥蒂，让其毫无防备地试用产品。销售员要告诉顾客：“买不买没关系，看看效果而已。”比如，销售员可以这样说：“先生，一样的衣服穿在不同的人身上效果却不一样。我说得再好，如果您不穿在身上是看不出效果的。先生，以您的气质和身材，穿这件中号、藏青的，效果一定不错，嗯，光说不行的，一定要穿在身上才能看出效果，其实买不买真的没关系，要不您过去试试？”

2.引导客户参与到体验产品的互动中

通常情况下，单纯地劝说客户体验产品，远比不上引导的效果好。而同时，销售员一定要在这种引导的过程中，采取一些互动措施。因为客户是不会主动告诉你自己对产品存在哪些不满和的，我们要引导客户说出来。

3.在客户体验产品的过程中，给出真诚的建议

我们除了利用这一方法吸引客户外，还可以促使其购买，但通常来讲，这种方法主要适用于顾客确有需要，但疑心又较重，难以下决心的情况。顾客在试用产品之后，能充分感受到产品的好处和所带来的利益，增强其对于产品的信任感，并可加强销售员和顾客间的关系。

但在顾客试用产品的时候，我们一定不能千篇一律地对顾客说：“这个挺适合您的。”“您穿这件也不错。”因为这样，只会让顾客感觉你是为了推销而给出虚假意见。你不妨告诉顾客：“我觉得您的气质适合穿颜色深沉点的，那件就不错，我拿下来给您试试吧。”这类建议，顾客一般都会接受。

另外，销售员还要做好顾客试用时的沟通工作，要多问询顾客试用产品的感受，比如穿着是否合身、用着是否合适、听着是否舒服等。与此同时，销售员还要把产品的优势介绍给顾客，让他在试用的时候有更加深刻的体会。

4.即便顾客不购买，也不要流露出不满情绪或抱怨顾客

当客户试用完产品后，可能会表示不购买，此时，销售员若说出“真的很适合，您就不用再考虑了”或者直接收起产品，这都是错误的做法，都体现了一种抱怨与不满的情绪，这是绝对不应该出现的。因为这种消极的情绪和想法，对于积极成交和提升门店业绩没有丝毫帮助，不仅如此，还可能导致与顾客发生争执，结果是得不偿失。

总之，如果我们通过使用“免费午餐”大法，能劝服客户试用、体验产品，就能对客户的真实想法有进一步的了解，从而对症下药，为下一步的销售工作打好基础。

回馈老顾客的活动也是开发新客户的好时机

我们都知道，客户是我们业绩的来源，是我们的衣食父母，当生意做成的那一刻，我们对客户都是心存感激的。我们通常也会通过各种方式，比如，回访客户、向客户表达我们的慰问等来表达这种感激。但如果你善于举行回馈老客户的活动，那么，你将会一举两得：邀请老客户参加，不仅能让老客户感受到我们更好的服务、提升公司的形象，还能让潜在客户看到老客户对我们的产品和服务的评价，进而对我们产生信任。而最重要的是，这些老客户因为看到我们对售后工作的重视，也可能为我们介绍新的客户。总之，充分利用回馈老客户的活动，会得到意想不到的效果。

销售情景：

小刘是一名保险推销员，这个月，他经过主管的同意，决定举办客户答谢会，为那些曾经在自己手上购买保险的客户送上一份小小的礼物。小刘是个细心的人，三天以前，他就预约了这些客户，听到有礼相送，大家也都欣然答应了。

在举办完回馈活动后，小刘将这些客户中有号召力的赵先生留了下来。

小刘：赵先生，我在保险行业已经工作很多年了，您是我非常重要的客户之一。这些年，我的客户已经累计有五百多人了，刚开始客户比较少的时候，我常常亲自去作陌生拜访，包括您，我也是通过这种方式认识的，现在想起来真是缘分。

赵先生：是啊！要不是当初你那么执着地让我买保险，恐怕到现在我也没有那么多的保障啊！这几年还要多谢你经常关心我。你刚才说你已经有五百多个客户了,了不起呀！不过,如果都像对我这样为这五百位客户服务,你也太辛苦了。

小刘:辛苦一点是应该的,只是时间有些不够用。我要是回访老客户,就会影响新客户的开拓。不过也没有关系,在我回访老客户的过程中,老客户会经常介绍我认识他们的朋友。很多人都需要保险,只是不知道找什么样的人来咨询,正好我可以帮助他们,一来是朋友介绍的,大家都放心;二来我见到他们说的第一句话就是我来给朋友帮忙,买不买保险自己决定,这样,对方就没有任何压力了。赵先生,如果您有朋友需要买保险也可以介绍给我,我一定像对您一样为您的朋友提供服务。也算您对我工作的支持。

赵先生:今天晚上我给你询问一下。明天或许可以给你提供几个朋友的名单和他们的电话,你去找他们谈谈。

小刘:好的,谢谢赵先生。

分析:

从案例中我们可以发现,保险推销员小刘,通过一次回馈老客户的活动,很自然地向有号召力的老客户赵先生提出了为其介绍新客户的要求,面对这样中肯的要求,对方也欣然答应了。

的确,长期以来,销售行业存在这样的情况,一些销售员对新客户趋之若鹜,想尽办法寻找新客户;对老客户却没有耐心维护,更别说举行一些回馈老客户的活动了。其实老客户就像老朋友,维护好与老客户的关系,做好老客户的回馈工作,既能为推销员赢得良好的信誉,又有可能促成老客户的二次购买行为,还有可能通过老客户的转介绍得到更多的新客户。

那么,具体来说,我们该如何通过举办回馈老客户活动来开发新客户呢?

1.回馈老客户,要给予他们一些实在的小恩惠

乔·吉拉德是世界上销售汽车最多的一位超级汽车销售员,他平均每

天销售五辆汽车。

他是怎么做到的呢？客户推荐法是他常使用的一个方法，不论任何人为他介绍顾客买车，成交后，他都会付给每个介绍人 25 美元，25 美元在当时虽不是一笔庞大的金额，但也足够吸引一些人，因为举手之劳即能赚到 25 美元。

哪些人适合当介绍人呢？当然，每一个人都能当介绍人，可是有些人的职位，更容易介绍大量的顾客，乔·吉拉德指出，银行的贷款员、汽车厂的修理人员、处理汽车赔损的保险公司职员，这些人几乎天天都能接触到有购买新车意向的顾客。

同样，我们举行老客户回馈活动，也绝不能是象征性的，否则，只会给老客户留下一种你在利用他们作宣传的坏印象，结果导致拒绝与你合作。

2.向这些老客户提出转介绍的要求

成功的推销员都有一个成功的秘诀，那就是不断寻求转介绍业务。如何让客户帮我们介绍，敢于提出是一个方面，但是关键还要看推销员如何引导，有时对方可能根本没有介绍客户的意识。因此，推销员应该主动请求客户介绍业务，并把它作为一项重要工作来做。

如何向客户寻求转介绍业务呢？通常可以采用“请您给我介绍几个熟悉的朋友吧”或“能否给我介绍一下×××先生”的话语。一旦与被介绍者成功见面后，就要对介绍人表示感谢，无论推销是否成功都应该做到这一点。如果推销成功后，一定要给介绍人送些小礼品以表谢意，以便再次请求对方的帮助。

3.尽量在公开场合举行反馈老客户的活动

这样做的目的是，让更多的潜在客户看到老客户对我们的评价，当我们获得了潜在客户的认可，那么，我们甚至可以做到让客户主动上门。

从事销售的人都知道，开发一个新客户所花的时间要比维护一个老客户所花的时间多三倍。因此，我们一定要做好维护老客户的工作，与老客户建立起良好的关系，这样做，看上去是在做无用功，而实际上，有助于我们获得更多的财富。

举办公益活动吸引准客户

人都是有情感的，客户也不例外。销售过程中，我们经常会发现，一些企业定期举办一些公益活动和慈善活动，并邀请潜在客户参与到活动中，当客户被打动后，他们对销售方的工作就会产生一种认同感和共鸣，甚至成为它的忠实客户。的确，每个人都有一定的社会责任感，如果我们能认识到这一点，在开发客户的过程中，多举办一些慈善活动和公益活动，激发起潜在客户的社会责任感，那么，势必会吸引准客户，对我们下一步的销售工作起到推动作用。

销售情景：

星巴克咖啡创办于1971年。创办之初，它还是西雅图的一间咖啡零售店，而如今，它已经发展成为全球最大的咖啡店连锁品牌，星巴克创造了一个企业扩张的奇迹——在全球50个国家开办了15000余家连锁店。

可以说，星巴克在咖啡零售行业取得了空前的成就：其销售额年均提高20%。即使在经济下降、其他零售商受到打击的时候，星巴克店的客流量每年仍增长6%~8%。但奇怪的是，星巴克的成功几乎是在没有进行任何市场推广的情况下取得的，它用于广告的开支只占其年收入的1%（零售商一般将收入的10%左右花在广告上）。现在人们正在研究的“星巴克经验”，无疑是星巴克积累品牌资产的一种方式，但并不是全部。

事实上，星巴克经常举行一些公益活动，并做得非常出色：在美国，“星巴克基金会”赞助文盲、学前儿童教育、防治艾滋病研究、环境保护等活动；在菲律宾，建立学校协助贫穷失学儿童；在韩国，成立孤儿院收容被遗弃婴儿；在新西兰，则推行以“伸出您的手”为主题之活动，允许店内员工上班时，抽出时间从事社会公益活动。通过创造各种值得消费者回忆的公益活动，有力地增加了消费者的忠诚度，便于星巴克进行品牌扩张与忠诚营销。

此外，星巴克在中国也举行了大量的公益活动。他们的口号是："在每一个社区都强调自己的社会公民责任。"在中国台湾，星巴克通过"对原住民儿童的关怀教育"和"部落孩童助学计划"等公益活动，大大提高了自己的知名度和美誉度，树立了良好的企业形象。星巴克还推出多款商品套装，并将销售所得捐给世界宣明会，用于帮助改善中国云南孩子的教育环境。

分析：

星巴克之所以在咖啡业有如此成就，得益于公益营销，它通过这种对人类最本质的情感的关怀，获得了社会认同、增强了消费者的忠诚度。

当然，除了举办公益活动外，慈善活动也应该为我们所用。但举办此类活动的时候，我们应该注意。

1.选择一个活动主题

品牌传播的"项链理论"告诉我们：所有传播推广都必须围绕一个核心去运作。所有的活动运作，包括公益活动，都以一个主题为主线。

比如，在世界500强中，"营销学宝洁，公益学安利" 已成为了共识。安利在公益方面主要选择三个主题："倡导健康"、"关爱儿童"和"致力环保"。

2.选择好活动时机

所谓"机不可失，失不再来"，在销售中把握时机和选择时机是同等重要的，如一些特殊的时机或者发生重大事件的时候，政府、媒体、公众的关注度都很高，如果企业能够在第一时间主动行动，不仅能够因为善举而获得好名声，更会引来许多公众关注与媒体报道，从而达到预期的效果。在5·12大地震中，王老吉果断捐赠一个亿。国人大为感动，纷纷抢购其产品，以示支持。

3.活动前要做好传播工作，声势先行

当然，默默无闻地做好事、做活动并不是不可以，然而对于企业来说，目的就是要打响招牌，因此，在宣传活动之前进行适当的造势是很有必要的。活动前通过具有吸引力和创意性的宣传推广，使之成为大众关心的话题、议题，成为具有新闻价值的事件，进而吸引媒体的报道与消费者的参与，使这一事件得到传播，最后达到提升企业形象，促进销售的目的。

总之，举办各类公益活动和慈善活动，不仅能提高产品形象、提高企业的经济效益，还能拉近与客户的关系。最重要的是，能帮助我们吸引潜在客户。为此，我们必须全心全意把活动做好，才能收到最佳的效果！

◆第 8 章◆

销售要会用情，用真心实意打动客户的心

在开发客户的过程中，我们发现，客户往往会存有一种戒备心理，认为销售人员是为其自身利益，千方百计地想把产品推销给自己。因此，作为销售人员，在你与潜在客户沟通的过程中，最重要的一点就是让客户信任你。而“动人心者，莫先乎情”，与冷冰冰的销售言辞相比，热情、充满关爱有时更容易打动客户。人都是情感丰富的动物，只要做到以情动人，你就能在无形中获得客户的青睐。有的时候，与其说某产品深受消费者的喜爱，不如说是销售员赢得了客户的心。总之，我们若想成功开发新客户，就要以情动人，不要吝啬你的关心，不要吝啬你对客户小小的帮助，让准客户随时感受到你的关心，自然会取信于你！

南风法则：用温情感动客户

法国作家拉·封丹写过这样一则寓言故事：南风和北风在半空中相遇了，可是它们谁也不肯作出让步，一时僵持不下。这时，它们同时看见路上的行人，于是决定打个赌，看谁能将行人身上的大衣脱掉，就算谁获胜，就刮它那个方向的风。北风首先发威，顿时冷风凛冽，寒冷刺骨，行人为了抵御北风的侵袭，把大衣裹得更紧了；南风则徐徐吹动，顿时风和日丽，行人觉得春暖全身，开始解开纽扣，继而脱掉了大衣。南风便轻而易举地获得了胜利。这就是人们常说的南风法则。“南风法则”也叫作“温暖法则”，它告诉我们：温暖胜于严寒，温情往往比冷酷更能打动人心。

同样，这一法则也告诉每一个致力于开发新客户的销售员，与其煞费苦心地劝说客户购买产品，倒不如用温情打动客户。的确，在现代产品营销中，顾客逐渐变得更加理性，不再轻易为了商家的促销活动而冲动购买，他们更需要一种亲情式的服务。赤裸裸地打折促销，就好比寒冷刺骨的北风，让顾客把钱包攥得更紧；而给顾客提供购物以外的超值休闲和享受，让顾客感受到浓浓情谊，就好比温暖的南风，让顾客感觉暖意浓浓，心甘情愿地打开钱包，同时也会成为商家的忠实顾客。

销售情景：

珍妮是一名优秀的房地产促销员，很多顾客在购买她所推销的房子后，仍然与她保持着密切的联系，有的甚至还成为她的朋友，并帮她介绍新客户，她为什么能获得如此成功呢？

原来，珍妮在推销的过程中，不仅是单纯地向顾客推销房子，而是“送温暖到家”，真诚地帮助每一位顾客，帮助他们解决生活中的困难。比如，她会经常对自己的顾客嘘寒问暖，定期到顾客家中拜访，询问他们房子的使用状况。如果出现什么问题,她会及时帮助顾客解决各种纠纷。此外,当她的顾客乔迁新居后,她还会准备一份精美的礼物登门拜访,安排新住户加入当地的居民俱乐部,帮助他们融入全新的生活环境。珍妮的热情和细心,令她的顾客们感动不已。于是,那些她服务过的顾客,都会热心地为她介绍新客户。这样,珍妮的口碑越来越好,业绩也越来越突出。

分析:

人们在需要他人帮助的时候,是最容易被感动的,这就是为什么珍妮选择雪中送炭。当这些客户深受感动后,与推销员珍妮的关系也由单纯的业务关系上升到朋友关系,自然也就愿意帮助珍妮了。可见,与人为善,用温情打动他人,不但能为你赢来好人缘,还能帮助你打开客户的心扉。

在生活中,人们可以承受严厉的斥责,却难以抵抗温柔的劝说;人们在强硬的态度面前往往会不卑不亢,丝毫不为所动,而在和颜悦色的劝说下,却能够网开一面,作出让步。那么,根据南风法则,我们该如何感化客户呢?

1.时刻不忘微笑的力量

客户总是喜欢和热情、开朗的销售员打交道,因为客户认为,拥有热忱态度的销售员总能给他们带来快乐的感受和周到的服务。而同时,热忱的态度是一个优秀的销售员不可或缺的素质,可以这么说,如果没有热忱的态度,销售成功的概率也就十分渺茫了。热忱,是指一种精神状态,一种对工作、对事业、对顾客的炽热感情。美国著名女企业家玫琳·凯说:“对每个推销人员来说,热情是无往不利的,当你用心灵、灵魂信赖你所推销的东西时,其他人必定也能感受得到。”

所以说,作为销售员,我们要把热情变成一种习惯,使它始终充斥在我们的销售中,成为销售成功的助力。

2.不要急于谈生意

客户也是人,也会被情感左右。所以,我们在接近客户之初,不要急于谈生意,而应先与客户寻找共同感兴趣的话题,这样,可以在不做生意只交朋友的前提之下，和客户取得心灵的共通，博得相互之间的认同。“先做朋友，后做生意”，既然是客户的朋友了，对于客户来说，跟自己熟悉的朋友合作，自然要比跟陌生人合作更加放心了。只要做成了朋友，那么，你的订单自然很快就签下来了。

3.态度要诚恳，说话要亲切

在与客户沟通的过程中，要让客户感到你是诚实的，没有人愿意和一个虚伪狡诈的人沟通。另外，一定要把话说得亲切、和蔼，这样才能使客户感到愉快，从而对销售人员产生信任感。因此，销售人员说话时一定要恰如其分，符合双方的身份，不然，就会引起客户的反感。

4.理解客户的情感，说话时以情动人

销售员可以以朋友的心态来面对每一个客户，多站在客户的角度想一想，考虑一下客户的利益以及客户的想法，善于倾听他们的想法。可能客户一次两次不能接受我们，但只要我们是真诚的，那么也许第三次就能打动他了，相信真心的付出总会有所收获。

当然，用温情打动客户，还需要我们用具体行动来证明，比如，在客户最无助的时候及时出现、帮助客户解决生活中的某些难题、为客户做些举手之劳的小事等，让客户真正感受到我们给予的温暖，客户自然愿意对我们敞开心扉！

陪客户唠唠家常，关心客户及家人的健康

有些销售新手急于求成，在与客户沟通时，常常开门见山地谈业务，因此招致客户的反感。而如果我们转换一种与客户沟通的方式，不谈销售，只聊家常，从客户及其家人的健康状况入手，则会激起客户继续交谈的欲望，这是因为，销售的话题太具功利性，而聊家长里短则更显得平易近人，会拉近我们与客户间的距离。

销售情景:

某天,某健康推广员来到某小区,根据资料,他准备敲开一位客户的门,开门的是位阿姨。这位推广员看见阿姨正在择菜,顺口问道:“阿姨,今儿这芹菜是什么价儿啊?”

“都××元一斤了,又涨价了,一到冬天就这样,你说我这点退休工资,都不够养活我自己了。”

“是啊,我们这些年轻人不爱自己做饭,所以,这菜价儿还真不清楚,不过自己做饭比在外面吃健康多了。您听说过“地沟油”吧?想想就胆战心惊啊!”

“听过啊,我这老婆子做的饭虽然没有饭店做得好吃,但至少干净卫生啊。我也经常让我儿子媳妇回家来吃饭,他们不愿意回来,说是耽误时间……”

“阿姨,墙上那照片是您儿子吧,看上去真英俊,一定是个知识分子,相信阿姨一定是个教育有方的好妈妈。”

“我儿子在××大学当教授,他从小就爱学习,到现在也还是不忘读书,平时都在学校,只是周末才回来……”

就这样,这位推广员和客户关于教育孩子的一些问题展开了交谈。过了会儿,推广员说:“阿姨,您看,和你聊了这么久,我居然忘了今天来这儿的目的了。不知道您还记不记得,您上周六在中心公园填了一张健康卡?”

“对呀。”“您真是很幸运,几百人中抽中了您,所以您将免费获得一张价值100元的健康检测卡,您好像在卡片上填了您有高血压,我们的仪器也主要是检测心脑血管情况的。常检查,做好预防,不但可以省去很多的治疗费用,还可以给您的儿子省去很多麻烦。您要是有时间的话,这几天就去我们公司看看,检测一下您的身体状况,您看怎么样?”

“嗯,你说得对,我一定要注意健康,不然我儿子在外面工作也不放心啊,我这周末就去。”

分析：

案例中，我们发现，这位推销员很懂得见机行事，当他敲开门后，发现开门的是一位择菜的阿姨时，他就从菜价入手，与阿姨进行适当寒暄，然后便对社会上的一些健康问题提出自己的一些建议，肯定了阿姨所说的"在家里吃饭卫生"这一观点，并随机把话题转到阿姨最关心的问题——教育子女上。当他与阿姨建立了一定感情之后，再谈及销售，阿姨接受起来也就容易多了。

生活中，我们对家长里短的关心程度远比销售员推销的陌生产品要大得多，大部分人都会关心家人的健康、关心柴米油盐、关心子女。有时候，我们与客户聊家长里短更容易引起他们的兴趣。

那么，具体来说，我们该怎样表达我们对客户及其家人健康的关心呢？

1.从饮食角度

比如，我们可以说："阿姨，您在做饭啊，这么香，做的什么菜啊？看上去很有营养啊！您的家人可真有口福。"

2.从气候角度

比如，我们可以说："这几天热得出奇，注意防暑啊。"而气温降低后，你可以这样提醒客户："天气转凉了，记得添加衣物啊！"

3.从保健角度

这里，我们需要注意：一般中老年顾客的保健意识比较强，对保健知识了解得较多，我们的专业知识以及相关知识如果不是很前沿、很丰富，将很难吸引他们。另外，我们的语言表述不能夸张，并且要备有大量的顾客鉴证。

另外，无论我们是从什么角度关心客户及其家人的健康，说话时都要做到有理有节，言之有物，语气真诚。这样，客户就会被你的关心打动，从而对你产生良好的印象，这对于下一步的销售工作是极为有利的。

与女客户谈谈女性话题——服饰与美容

女人爱美，且希望自己是最美的。这一点被人们所公认。她们最关心的话题往往也是服饰和美容，她们会定期或者不定期地购物，使自己变得更加美丽。因此，作为销售员，在和女性客户沟通时，如果能谈谈服饰和美容，便能很快地找到共同话题，甚至可能成为其“知音”，然后再对其进行推销，客户会更容易接受，这比开门见山推销的效果要好得多。

销售情景：

这天，厨具推销员刘莉莉敲开了某潜在客户的门，开门的是个妇人，手上还拿着锅铲，看样子是从厨房出来的。刘莉莉惊讶地说：“太太，您别动。”说着，她轻轻地擦去了太太额头上的一块油污。然后说：“您看您，皮肤真好，您平时保养皮肤吗？”

“不保养，哪有那精力啊，得照顾孩子，还得工作。”

“不是吧，您不保养，皮肤还这么好，那真是人们所说的天生丽质了。”听到刘莉莉这么夸奖自己，这位太太已经笑得合不拢嘴了，也不管刘莉莉是来做什么的，就把人迎进了客厅，然后她放下手上的锅铲，和刘莉莉聊了起来。她们从皮肤谈到服饰，这位太太惊喜地发现，原来，刘莉莉和自己的审美太契合了，她们喜欢共同的风格，经常在同一家店买衣服，说到此处，这位太太激动起来，居然拉着刘莉莉去看自己衣橱里的衣服。

聊了一会儿，她对刘莉莉说：“今天我丈夫带着儿子去游乐场了，我刚才在做饭，你就在这儿吃饭吧，他们也不回来……”

“那怎么好意思，对了，刚才和您聊了这么久，开心极了，居然忘记自己今天来的目的，您对现在使用的厨具还满意吗？我是××公司的厨具推销员，只是他一下用户调查……”

“没事儿，咱边吃边聊……”还没等刘莉莉说完，这位太太已经把饭菜端上来了。

最后，这位太太居然主动提出让刘莉莉留下电话，说等丈夫回来就去购买她的产品。

分析：

这则案例中，厨具推销员刘莉莉为什么能成功开发客户，并让客户主动提出购买产品？这是因为她找到了正确的切入点——服饰美容，她先对客户的皮肤进行了一番赞美，而且，这一赞美不着痕迹，然后再谈到服饰，与客户在审美上一拍即合，这样，当客户对自己产生好感、完全对自己敞开心扉后，她再提出推销一事，客户也就很容易接受了。

可见，在与女性潜在客户沟通的时候，一定要抓住其爱美的心理，与其谈谈服饰与美容，一旦她们把我们当成知音，我们再进行推销，阻力自然就会小很多。

具体来说，我们需要做到以下几点。

1.多赞美对方

当然，赞美女性千万不可千篇一律，而要抓住对方的不同特点加以赞美，尽量让自己的赞美对对方产生积极的作用。比如，可以说：“您的皮肤是在哪家美容院做的保养？真是太好了。”

2.表达自己对其审美的认同

比如，你可以说：“您这件风衣在哪儿买的，我一直想买类似的风衣，但就是没看到特别中意的，这件好像是限量款吧？您真是太有眼光了。”

3.多请教对方“美丽经验”

比如，赞美完对方的皮肤后，如果对方的回答是：“我没怎么保养！”那你就可以趁机发问：“那您一定有独家的保养秘方吧，您看我这眼角的鱼尾纹这几年疯狂长了很多，一下子变苍老了。”这样，对方自然乐意传授她的“美丽经验”。

4.适时向对方推销使其变美的产品

女性客户的购物大多时候都是为了一个字——美。因此,如果销售员能抓住这一心理,向他们推荐能使其变“美”的产品,那么,就能抓住销售的先机。

总之,我们在与女性潜在客户沟通时,要想打动她,不妨从服饰和美容入手,待获得对方的认同,把我们当成是其“知音”后,我们的引导工作就会变得更加顺畅。

与感性的客户聊聊情感话题

人都是情感的动物,都会受到周围环境的影响,尤其是那些感性的人。因此,在开发客户的过程中,面对那些感性的客户,如果我们能从情感话题入手,说些动情的话,解开客户的心结,那么,销售的成功概率无疑会大大提高。现今销售行业的竞争日趋激烈,销售手段的多样化让人目不暇接,但有的时候,某些客户会被销售员简单直白的销售所感动,原因是什么?就在于销售过程中销售员抓住了客户的心。“动人心者,莫先乎情”,与冷冰冰的销售言辞相比,热情、充满关爱有时更容易打动这些感性的客户。现实销售中,一些销售员能言善辩,介绍产品时口若悬河,却四处碰壁,其中,很大程度上就在于他没有打动客户的心。

销售情景:

推销员敲开某住户的门,与女主人对话,当他说明来意后,对方的回答是:

“我们现在不需要。”

“没关系的,您现在很忙吗?看得出来,您虽然很忙,但脸上却一直洋溢着幸福的笑容,您的家庭一定很幸福吧。”实际上,女主人并没有笑,但听到销售员这么说，女主人就忍不住笑了。

“噢，谢谢！我的确挺幸福的。”

“您丈夫一定非常爱你吧？我看到屋内挂的全家福了。我知道您先生是一位事业成功、在业界有影响力的优秀人士。有句话说得很好，‘每一个成功男人的背后都有一个伟大的女性。’”

“呵呵，哪里啊。我也没有对他的事业帮到什么忙，只是每次他回到家里，能吃到热气腾腾、可口的饭菜，能换上干净的衬衣，能看到可爱的孩子，仅此而已。”

“是啊，这就是一种幸福啊……”不知不觉，女主人已经沉浸在幸福里了。

“其实，我们对你的产品还是挺感兴趣的，等我丈夫回来，我们一块儿去你那里看看产品。”女主人居然主动提到去看产品。

“好，谢谢！这是我的名片。”

分析：

案例中，这位销售员在被女主人拒绝后，仍然保持良好的态度，并对客户说了一些“动情”的话，从而试探出客户是一个感性的人。接下来，他便从情感的话题切入，谈到女主人的丈夫、家庭，从而获得了女主人的认可，挽救了销售局面。

可见，在与客户交流时，如果我们发现客户是个感性的人，便可以主动找一些情感话题，对客户说一些动情的话，想客户所想，忧客户所忧。每个人的心中都会留有一片空地，专门为情感打结所用，所谓心有千千结并不夸张。推销员不是解开情感心结的人，但必须知道，这结是情感的结，推销中要注意把握情感，做情感的舵手。

那么，在销售中，销售员该如何说“动情”的话，以此来感动客户呢？

1.以一个朋友的身份与客户对话，对客户的情感表示理解

销售员可以以朋友的心态来面对每一个客户，多倾听客户的想法，多站

在客户的角度想一想，对客户的情感表示理解，这样，一旦你和客户站在同一条情感战线上时，他接受你就变得容易多了。

2.真诚与客户交流

乔·吉拉德曾说："所有最重要的事情，就是要对自己真诚，并且就如同黑夜跟随白天那样地肯定，你不能再对其他人虚伪。"松下幸之助也曾说："在这个世界上，我们靠什么去拨动他人的心弦？有人以思维敏捷、逻辑周密的雄辩使人折服；有人以声容并茂、慷慨激昂的陈辞去叩人心扉……但是，这些都是形式问题。我认为在任何时间、任何地点，去说服任何人，始终起作用的因素只有一个，那就是真诚。"

开发客户的过程中，只有你自己真正做到了真诚，用真心对待客户，与客户谈情感话题，更要做到句句肺腑，客户才能感觉到你值得信赖。谎言是容易被揭穿的，是短暂的，而真诚才能保持长久。

身为销售员，请在客户面前坦露你的真心吧，用你诚挚的态度和体贴的服务与客户打交道，相信结果是不会让你失望的。

与有孩子的客户聊聊孩子的教育

通常来说，能成为潜在客户的，多半是有购买能力的，而且多半是成年人，这其中一部分甚至已经有了自己的家庭和孩子。对这些客户而言，无疑，孩子是他们最关心的话题，他们希望孩子健康、快乐，更希望孩子能成龙成凤。因此，对于这类有孩子的潜在客户，如果我们能抓住他们关心孩子的这一心理，与其聊聊孩子的教育，那么，便能很快吸引客户的注意力，进而促使客户愿意与我们继续交谈下去。

销售情景：

一天，图书推销员小陈来到某小区，敲开了某住户的门，开门的居然是个可爱的小女孩。“阿姨，您找谁?”

“小朋友，你妈妈在家吗?”听到小陈这么问，女主人从客厅走了出来，对小女孩说:“不是跟你说过吗? 不要给陌生人开门。”

“太太，您别误会，我不是坏人，我怎么舍得伤害这么可爱、漂亮的宝宝呢?”听小陈这么说，女主人居然笑了一下。

“哪里可爱? 淘气死了，你看，中午让她自己画画，我打个盹儿，结果一有人敲门，就不安生了。”

“好动的孩子聪明啊，您看那些有着显赫成就的名人，哪一个不是爱动的人呢!”

“你这么一说，我发现还真是这样。”这时，女主人已经把门彻底打开了，将小陈引到客厅坐下。

“不过话说回来，现在的孩子，还真是不一般的难教育啊，吃好的、喝好的、穿好的，样样都不缺，他们为什么就不愿意好好学习呢?”小陈继续说道。

“您的孩子多大了?”

“比您的女儿大一点，上小学三年级了，是个调皮的男孩。不过我发现，这孩子爱不爱学，还得看兴趣，这兴趣得从小培养。”

“这倒是。”

“所以我觉得您这样培养孩子挺好的，从小让她多接触各方面的知识，她就能知道自己的兴趣是什么了，这对于孩子以后的发展也有好处啊。”

“您真是过奖了。”女主人谦虚地说。“对了，我看您手上提着图书，难道您是图书推销员?”

“是啊，您看我，只顾着和您聊天，聊得太投入了，都忘了今天来的目的……”

“我看看你的图书……”

分析:

很明显，我们可以看出，这位女主人已经对小陈的图书感兴趣了，小陈是怎么做到的呢？首先，当客户看到有陌生人闯入时，是有种抵触心理的，但此时，小陈的一句“我怎么舍得伤害这么可爱、漂亮的宝宝呢”就轻而易举地打消了客户的防备心；然后，她再顺着客户提到的孩子学习的话题，谈到她在教育孩子的过程中遇到的难题，并且，她还顺便赞美了客户从小培养孩子兴趣这一教育方法的正确性，无形中抬高了客户。最后，当客户注意到她所带的道具时，她便乘机道明来意，成功吸引住客户的目光。

的确，为人父母，对自己的儿女，都望子成龙、望女成凤，都希望他们有一番杰出的作为。作为销售员的我们，在与此类潜在客户沟通时，如果能与客户聊聊孩子的教育问题，那么，一定能成功让客户与我们继续交谈。

但在与客户聊孩子的教育问题时，我们还需要注意以下事项：

1.赞美顾客的孩子

每个父母最骄傲的就是自己的儿女。赞美客户的孩子，有时候比赞美客户本人效果还要好。比如，你可以说：“这孩子，聪明得就跟小人精一样，这么小，就这么懂礼貌，一定是您教育得好。”听到你这句话，客户一定会心花怒放。

2.不要否定客户的教育方法

否定客户的教育方法，无疑是否认了客户，也就把客户推到了我们的对立面。试想一下，一个与你意见完全不同的人，怎么会购买你的产品呢？

3.以请教的态度与客户交谈

比如，你可以说：“我听说您的女儿在整个小区乃至整个片区，每次考试都是第一名，我儿子都知道她，您是怎么教育孩子的呢？有什么心经？为了能让我儿子学习好，我真是煞费苦心，但似乎没有多大用处！”你这样一说，客户一定乐于当这位“教育指导员”，为你“指点迷津”。

总之，在遇到这类有孩子的潜在客户的时候，销售员不妨多聊聊孩子的教育问题，并放低姿态，多讨教。这样，一定能引导客户多说，并对你和你的产品产生更多的好感，使你的销售工作变得更加容易。

客户开始对你一吐为快是信任你的开始

销售人员在向顾客销售某种产品或服务时，顾客往往存有一种戒备心理，认为销售人员是为了其自身的利益，千方百计地想把产品销售给自己。因此，作为销售人员，你在与潜在客户沟通的过程中，最重要的一点就是要让客户信任你。可能一些销售员会产生疑问，为什么客户总是把我当成出气筒，总是向我倾诉不快？其实此时，你应该庆幸，你的客户已经开始信任你了，他的心扉已经向你敞开，并希望得到你的回应和帮助。此时，你需要具备良好的素质和心理条件，结合客户不同的心理状态，坦露自己的真心，使顾客先接受自己，继而接受自己所销售的产品和服务。

销售情景：

这天，化妆品推销员小林来到某准客户家，开门的是位年轻的太太。很明显，这位太太满面愁容，脸上还挂着泪水。小林赶紧说："太太，您怎么了，遇到什么伤心的事情了吗？"

客户："没有，您是哪位，我不认识你！"

小林："我是一名化妆品推销员，在敲开您的门之前，我是准备向您推销产品的，可是当我看到您满脸的愁容时，我觉得我又有其他的使命了。"

客户："真是很感激你，其实，我没什么事。"

小林："家家有本难念的经，我能理解，尤其是咱们女人，要操持好一个家，努力经营好一段婚姻，真不是一件容易的事。"

客户："你说得太对了。我的丈夫就是一个永远不知足的男人，我这么努力，家里家外地忙碌，他却一回来就跟我吵架，甚至连我做的饭都不吃，我都不知道该怎么办了，难道他喜欢上了别的女人？"

小林："太太，我觉得您需要勇敢一点，要和您的丈夫谈一谈，这样才能解决问题，不然即使您再伤心，他也不知道啊。”

客户：“你说得有道理。我是该找个机会和他谈谈了。对了，你刚才说你是推销化妆品的，都是什么样的产品？”

小林：“……”

分析：

当面对关系不紧密、甚至完全陌生的销售员时，这位太太即使“心有千千结”，也不愿向小林倾吐。而当小林以坦诚的态度道明自己的来意和对她的关心时，她对小林的防备之心变得稍微松弛了；而当后来小林谈到一个女人的难处时，更让她感同身受。于是，她的心扉彻底向小林敞开了，也就把小林当成了情感倾诉的对象，这样主动问及产品便是水到渠成的事了。

可见，开发陌生客户时，我们如果能善加引导，打开客户的心扉，使其对我们一吐为快，那么，不仅有利于了解其内心真实的想法，还有利于拉近和客户在心理上的距离，让他们更容易接受你的劝说，从而获得销售上的成功。

具体来说，我们需要做到以下几点。

1.从情感上关心客户

日本著名的保险销售能人山田正皓接受一家杂志来访时曾说：“与客户接触时，一走进门，要让客户感觉舒服，而不要让其感觉到压力，他们就会和你建立长期的业务关系，他们会逐渐喜欢上你、信任你。这个原则年复一年跟随着我，成为我开展销售业务的基石。你先别管任何其他的技巧，也不要去尝试它们。你只要想办法让客户感觉和你在一起很舒服，喜欢并且信任你，让他们感觉你是来为他们提供服务的，而不是来卖东西的就行了。”山田正皓在销售过程中总是竭尽全力地鼓励和关心客户，使客户感到温暖，进而把他当成是知心的朋友，这对山田正皓的销售工作有巨大的促进作用。几十年来，他因业务关系结识的朋友超过数千人，而且和大部分都保持着联系，这又为他的销售工作产生了不可估量的推动作用。

2.体会客户的心情故事

一般来说，当客户心中不悦的时候，对于我们的推销会采取拒绝的态度。当遭遇客户的拒绝时，我们首先应该要求自己想到的不是责怪客户的不通人情，而是要帮助客户编一则心情故事。或许他周末没休息好，所以告诉销售员改天再说；或许他刚被老板批评，心情不太好；又或者……

总之，不要先想客户的不对，而是要站在客户的立场上，编一个理解他的心情故事，好好体会、品尝人间百态，这不也是一种销售的收获吗？

这就叫作同理心，通常你以这样的心态和客户交流，客户会觉得你是个值得信赖的人，会把你当朋友看待。当客户对你倾诉得越多，离你的成交也就越近了。

3.认真倾听，鼓励客户多说

如何让客户对我们坦露真情？很简单，那就是不断鼓励他说。这时，更需要我们懂得如何倾听：倾听时绝不可左顾右盼、心不在焉；倾听时要懂得反馈，向对方表明你对其情感的理解；可以适当地重复客户的话，这表明你正在认真听。

当然，如果客户存在某些我们能为其解决的难题，行动比语言更有说服力，你的帮助一定会让他对你感激万分，成功推销也就顺理成章了！

小小贺卡和信件寄托着你对客户的关心

现代社会，随着通信技术的发展，我们与客户沟通的方式也逐渐多样化、快捷化，写信与卡片已经被很多人“尘封”在记忆中。但事实上，这种古老的方式更能体现我们的“良苦用心”，也更能打动客户。

的确，我们和客户的关系不能仅仅局限在面对面的交谈中，更要注意用细节去打动人心，一些生活中的细微环节，如果你能体贴地为客户考虑到，会让客户感到格外温馨。这其中就包括一封信或一张贺卡，我们可以把其当成是联系客户、开拓市场的一个平台。

销售情景：

小侯是一个外贸业务员，做外贸业务虽然只有一年多时间，却深有感触，他认为，做生意一定要用心，他曾经这样打动客户：

大概在2009年12月，他用Google搜索到台湾客户。小侯看了他们公司的网站，确定了他们做的主要产品后，就按照网站上的邮箱，发了封开发信。开发信也没什么特别的，就是介绍了一下自己所在公司能提供的产品，以及在这个行业的历史等。发出去的开发信，一如既往的石沉大海……

但是，小侯确定对方公司是做这个产品的，他也确定他找到的那个邮箱是对方老总的（负责采购的）。这该如何是好？

第二天，他去邮局给一位朋友寄东西，当时，临近新年了，他心想，要不给朋友顺便寄张贺卡吧，于是，他便在邮局附近买了张别致的贺卡，写上了自己的祝福。此时，他灵机一动，为什么不用这种方法关心一下客户呢？并且，他了解到，那家台湾公司的老总是大陆人，过年的时候一定会思念大陆的亲人，一张来自大陆的贺卡必定能打动他。说做就做，小侯回到家后，亲手制作了一张贺卡，并写了一封信，一并寄了出去。

果然，一周以后，小周的邮箱有了回复。看了这封回信，小侯喜出望外，很快，这位老总便派专员来与小侯洽谈生意。

分析：

案例中，外贸业务员小侯凭什么打动客户？不是那封电子邮件，不是短信，不是电话，只是简单的一封信和一张贺卡。曾经有位企业老总说："以往给客户拜年就是一个短信或电话，大家都这么做也就缺少了新意。"他继续说："一次收到客户寄来的一张贺卡，里面不光有过年的祝福语，还有对企业的介绍，做得很别致。此后，我逢年过节收到短信的时候就想起了那张贺卡，感觉沟通还是要靠这种'古老'的方式。去年我也制作了四百多张贺卡，没想到一些客户收到贺卡后还给我打来了电话。寄张贺卡，显得比短信要有诚意得多。”从这里，我们可以发现，有时候，在开发客户的过程中，越是烦琐、效率慢的沟通方式，越是能体现我们对客户的诚意，越是能敲开客户的心扉。

那么，具体来说，我们该怎么做呢？

1.做足准备工作，记下客户的联系方式

销售过程中，有的销售员会把客户的名字和电话以及客户的生日、结婚纪念日等一些特殊的日子记下来，到那一天时，客户收到的即便是这样一份并不贵重的礼物，也能体会到你的真诚，感知你对他的重视。这不再是单纯的商业关系，更是人与人之间情感的交流，所谓的“以情动人”正是如此。

2.你的信与贺卡最好能别出心裁

日本经济大萧条时，许多行业都经营惨淡，有一家酱菜店也不例外。老板冥思苦想后，便命人去苹果产地预先订购了一批苹果，在苹果成熟以前用标签纸贴在苹果上，当苹果完全变红后揭下标签纸，苹果上就留下一片空白，然后老板从客户名录中挑选出大约两百个订货数量较大的客户，把他们的名字用油性水笔写在透明的标签纸上，后又一一贴在苹果的空白处，然后随货送给客户。客户们无一例外都对这种苹果感到惊讶并受到感动，因为客户们认为商店把他们真正奉为了上帝并且放在心上，后来渐渐发展成为这家酱菜店长期、稳定的客户。

任何一种方式，如果毫无新意，都会被淘汰，信与贺卡同样如此。这里，这位老板送去的祝福就很特别，苹果虽然便宜，但老板的心意却是无价的，有名字的苹果无疑充满了人情味，打动了客户的心，真正做到了以情动人。

可见，很多时候，能打动人心的不一定是惊心动魄的大事，一些生活的琐事一样能起到温暖人心的作用，这就要考验销售员的智慧了。

温情款款，如何在关键时刻送去你的问候

我们都知道，任何一个销售员，要想拥有良好的销售业绩，都必须有熟练的推销技巧、对产品知识的深度了解，但这样，充其量只能让客户“口服”，而要让客户心服，还必须做到让客户感受到我们的关心，这是一个优秀销售人员所具有的附加价值。销售是要付出情感的，关心别人就等于关心自己，帮助别人的同时也就是帮助了自己。而事实上，只有在人们最需要问候的时候，你的关心才更能打动他，比如，客户生病的时候、客户需要帮助的时候、客户遇到可喜可贺的事情时等，只要你能够充分表露出为客户服务的诚意，并且全力以赴，客户就一定会感觉到，继而对你产生信任感。

销售情景：

郑平是平安保险公司的销售员，销售业绩一直名列前茅。他有一个整整跟踪了三个月未果的大客户——某建筑公司的总经理刘某。

这天，他得知刘总的儿子考上了清华大学，心想，这是个问候刘总的好机会。于是，他来到这家公司，郑平绕过了秘书，见到了刘总，一见面郑平就热情地说：“刘总，您好！很高兴又见到您了，听说您的儿子考上清华大学了，真是恭喜你啊！”

刘总本来对郑平有很强的抵触心理，一听到郑平谈到自己的儿子，那可是为他增光添彩的人啊，自然心花怒放，喜上眉梢，于是和郑平谈起了自己的儿子。

这一谈不要紧，刘总原本防备的心理早就抛到九霄云外了。谈了很长时间后，刘总心情大悦。郑平抓住这个机会，拿出保险合同说：“刘总，您看这么高兴的事情，应该同喜同乐才是，您给员工们上个保险吧，让员工们也能分享到您的快乐。”

刘总正在兴头上，想也没想，拿起笔就在合同上签了字。就这样，郑平这个困难重重的单子终于被拿下了。

分析：

从这个事例中，我们了解到，有时候客户需要的是你的关心和问候。只要你时时关注客户的生活，你就会发现他们生活的悲伤和快乐。当他们开心的时候，要懂得与他们一起分享；当他们失落的时候，要和他们一起分担。通常来说，我们问候客户的最佳时机，就是客户开心与不开心的时候。针对这些关键时刻，你需要这样送去你的问候：

1.与客户保持联系，抓准问候客户的“关键时刻”

人的情感是变化的，长时间不联系客户，就会扩大彼此之间的心理距离。那些潜在客户同样如此。通常情况下，维护客户就是在交朋友，不要认为对方现在不购买就不与之联系。销售员要经常给客户打电话，或者发短信。关怀客户的工作和生活，问他们是否需要帮助。持久的联系让客户觉得你并没有忘记他，并没有因为时间久远而冷落他。只有这样，你的客户才不会被抢走，你和客户之间的合作才能够保持长久。从这个角度上来说，关怀客户就是在关怀自己，对客户的好就是对自己的好。而更为重要的是，如果你能与客户保持联系，就能知晓客户的动态，反过来便于为自己问候客户找准时机。

2.根据不同的要求，具有针对性地关怀客户

由于客户形形色色，所以关怀客户的时候也要分不同的人，不同的事，有区别地加以对待。对于事业心比较重的客户，一般能让对方开心和悲伤的事情基本上都是工作上的事情。所以，关怀他们的时候，多和他们分享事业上的收获，分担事业上的挫折。如果客户有什么实际困难，销售员不妨出手帮助。对于重家庭、重感情的客户，一般情况下遇到的问题基本上都与家庭和情感有关系。所以，关怀他们的时候，要多和他们分享家庭的快乐，家人的成功，分担家庭中的痛苦和磨难。但是一定要弄清楚客户的具体问题，

然后具有针对性地关怀他们。切不可不了解客户的真正问题所在，而胡乱关怀一通，这样不但扩大了和客户之间的心理距离，还会因此而得罪客户。

3.雪中送炭，为客户排忧解难

日本著名的保险销售能人山田正皓有一次去拜访一位老客户——一家房地产公司的总裁。当他到达客户的办公室时，正巧遇到这位总裁的一个朋友为了不知如何运用一块闲置的土地而发愁。他立刻为其介绍了一家专门建设出租公寓的建筑公司。还有一次，他主动撮合一家电视公司与一家电脑软件公司的负责人认识，目的就是想助他们一臂之力。

在山田正皓的销售工作中，他始终在思考自己能为客户做些什么。他的客户中不少是企业的经营者，遇到这些客户，他就会想，自己能为他们的企业做些什么，能给他们带来哪些利益，这个思考模式就是他的销售哲学。

尽管销售员和客户之间存在着利益关系，但这种利益关系并不是赤裸裸的金钱交易。其中还包含着人与人之间的温暖和真情。销售员要多关心客户的生活，关注他们身边发生的事情。这样无形之中就会渗透到客户的生活中去。销售员要学会在“关键时刻”送去问候，用情感温暖客户。

随时听候客户的“差遣”，让客户感到你一直都在

“客户就是上帝”，这是每个从事销售行业的人都熟知的一句话。对于潜在客户，虽然他们可能并不会购买我们的产品，但我们绝不能区别对待。俗话说，人心换人心。其实，在客户和销售员之间就是这样。销售员对客户有几分真心，客户也会相应地回报几分。所以，销售员要想获得客户的认可和关照，就要在任何时候都要对客户做到“随时恭候”，让客户体会到自己的用心。

销售情景：

业务员小刘是个很细心的小伙子。在公司，他是唯一的单身青年，但业绩却是最好的，大家都爱同他开玩笑，说他之所以会有这样好的业绩，是因为他把客户当成是自己的女朋友一样对待。事实上，也的确如此。

一天傍晚，小刘和客户约好在郊外的一个度假村见面。谈完业务之后，小刘和客户都离开度假村各自回家了。谁知二人分别之后不到10分钟，突然下起了大雨。小刘由于经常在外面跑业务，所以习惯在包里放一把雨伞。可是那个客户平时都是开车出门，而今天恰巧步行赴约的。

当小刘想到这时，赶紧给客户打了个电话，客户此时正被困在路边的一个小卖部里，小刘得知后，打着雨伞亲自把客户送到家里。而小刘因为用雨伞护着客户，自己的半个身子都被淋湿了。

事实上，那天的合作由于价格的问题并没有取得成功。可是小刘把客户送到家之后，客户二话没说，就当场和小刘签了合同，而且从那以后，客户和小刘成了无话不谈的朋友。在后来的合作中，客户还给小刘介绍了不少新的客户呢。

分析：

从这个事例中可以了解到，业务员小刘之所以能打动客户，是因为他的细心，在客户需要帮助的时候及时出现，感动了客户。的确，客户需要销售员用心去接触。而现实销售中，一些销售员看重的只是合作，他们只把客户当成业绩的源头和合作的对象，为了达成协议，他们千方百计地想尽一切办法，只要合作一结束就再也没有联系了。销售员这么定位客户，客户自然也仅把销售员当作合作者而已。而如果销售员能和此例中的小刘一样，随时为客户着想，为客户鞍前马后地服务，尤其是在客户需要帮助时候及时出现，这样客户自然就会把你当成亲密的朋友一样对待。

那么，在具体的开发潜在客户的过程中，我们该如何做到对客户“随时恭候”呢？

1.与客户约会时,一定不能迟到

我们都知道,男女约会,如果男方迟到,那么,女方一定不高兴,正确的做法是男方先于女方到达,这样女方才会高兴,才会觉得你对她是真心的。和客户约会也不例外。销售员千万不能迟到,而是要早到,耐心地等待客户。自己多等一会儿没关系,但是千万别让客户等你。如果你迟到了,或者让客户等你了,那么这个单子十有八九拿不下来,因为你让客户觉得自己根本没有受到重视。

2.客户有需要时一定要随叫随到

销售员是客户的服务者,客户如果对产品有什么疑问或者想法,第一时间找的就是销售员。这时候,销售员不管是否上班,是否在忙,都要在第一时间赶到客户面前,为客户解决疑难,帮助客户处理问题。只有这样,客户才会觉得销售员是认真负责的,彼此之间才会形成一种长期的合作和发展关系。

3.答应客户的事情一定要办到

与人交往,一定要做到一言九鼎,只有这样,才会让对方觉得你值得信任。和客户交往也是一样,承诺客户的事情一定要做到,如果因为这样或那样的原因导致最终食言了,这样客户对你的信任度就会大打折扣,同时也会给以后继续合作和交流埋下心理隐患。所以,销售员应尽量履行对客户的承诺。如果因为客观原因而没办法做到,那么,要向客户作诚挚地道歉,以获得客户的原谅。

4.和客户合作之后,关心一定要时时到

和客户合作之后,销售员要时常地关心客户,让客户感受到你的那份真诚和关怀。这样客户才会被你的真情所感动,就算是产品出现什么问题,也会尽量不给你添麻烦。事实上也只有这样,客户才会跟你形成一种长期合作的关系。所以,销售员千万不要吝啬自己的关怀,时不时地打个电话,或者发个短信,询问一下产品的使用情况,让客户听到你的声音,从而常常记着你。如此,你不仅做到了很好地维护与现在客户的关系,当客户对你的人品以及产品都认可的时候,还会为你介绍更多的新客户。

总之,我们若想成功开发新客户,就要以情动人,不要吝啬你的关心,不要吝啬你对客户小小的帮助,让准客户随时感受到你的存在,自然会取信于你!

真情赞美,把香甜植入客户心里

生活中,我们每个人都有自尊,都希望别人对自己的优点有一个肯定的评价。据专家研究,一个人如果长时间被他人赞美,其心情会变得愉悦,智商会有所下降。作为销售人员,如果你真诚地对你的潜在客户表示赞美,他们就会认为你很体谅别人,就会对你表示友好,从而愿意和你进一步交流。一位百万富翁曾经坦言:"我就是喜欢听奉承的话,自己喜欢听,别人也喜欢听。"既然客户有这个心理需求,那么,销售员就一定要会说、爱说,我们在适当时候说出的那些微不足道的赞美话,可能会使你收到意想不到的效果。赞美是人际交往的润滑剂,是件好事,却也是件难事,毫无技巧与新意的赞美不但不能打动客户,还会有奉承之嫌,甚至招来客户的反感,影响销售。

可见,说赞美话也是一种能力,有的人因说赞美话而得到了客户,而有的人因说"赞美话"而丢掉了客户,白白浪费了美言。

销售情景:

原一平有一次去拜访一家商店的老板。

"先生,您好!"

"你是谁啊?"

"我是明治保险公司的原一平,今天我刚到贵地,有几件事情想请教一下您这位远近闻名的老板。"

“什么？远近闻名的老板?”

“是啊，根据我调查的结果，大家都说这个问题最好请教您。”

“哦！大家都这样说啊？真是不敢当，你说吧，到底是什么问题?”

“实不相瞒，是这样的……”

“站着谈不方便，请进来吧！”

……

分析：

每个人都渴望被别人赞美，获得认同，客户也不例外。事例中，销售大师原一平之所以能成功推销，就在于他懂得赞美客户。用第三者“大家”的口吻去称赞商店老板“远近闻名”，给予老板肯定，赢得老板的好感和认同，接下来的沟通就容易多了。赞美客户是件好事，但并不是一件简单的事。尤其是那种毫无根据、泛泛而谈的赞美，更有奉承之嫌。那么，作为销售员，我们该如何赞美客户呢?

1.交谈之初可不谈销售

采取“初次交谈，不谈销售而只是赞美客户”的方式，这样可以打消客户的戒备心理，可以避免自己的销售行为被扼杀在摇篮中，而且也便于了解更多的客户信息。这是符合心理学中的首因效应的，能为接下来的良性互动和顺利推销创造条件。

2.赞美有度，不可一发不可收拾

当我们赞美客户的时候，要有个度，不能赞美起来就没完没了。否则，不仅会让客户产生厌恶的情绪，还会使我们的销售工作无法进行。要想让自己的赞美发挥最大的效力，就要珍惜自己的赞美。当然并不是说不要去赞美别人，而是不该赞美的时候，绝对不要浪费赞美之语；该赞美的时候，千万不要吝啬赞美之语。这样，才能为我们下一步的销售工作作好铺垫。

3.于细节处赞美

比如，如果我们的客户是一位女性，一开始就赞美对方：“你很漂亮”，客户一方面会很高兴，另一方面会不知所措。所以，单刀直入地赞美之前需要事先扎根，否则的话，只会成为令人难以接受的奉承。对此，我们不妨一反常态，从一些细节处赞美，如从对方所附带的东西或饰品等处入手："你的衣服很合身"、"饰品很可爱"、"发型很时尚"……

这些赞美的话，表面上看是在夸赞东西，实质上是在夸赞对方有眼光，而被夸赞的一方不但不会不知所措，反而因为自己意外的东西受到高估而倍感高兴，他们会认为你们在价值观上存在着很大的共同之处，这样，一下子就拉近了双方的距离。

4.赞美对方的精神层面

(1)赞美对方的态度和行为。

为了在不同程度和不同模式上夸赞对方，您必须准备一些话语，如"言行得体"、"活泼大方"、"容易亲近"等，并仔细观察对方，在适当的时机自然切入。

(2)赞美对方的品质。

比如，当面对的是一位男士的时候，在销售过程进行到最后时，我们不妨说些这样的话："我觉得您是位值得尊敬的人"、"我觉得您真是位体贴的男士"……无须修饰，脱口而出，给对方留下好印象。

(3)赞美对方的品位。

当你看到客户有一辆名牌汽车时，可能会这样说："好车！好车！真漂亮！"但这仍然起不到赞美客户的作用，因为车子再漂亮，那也是生产厂家的功劳，和车主有什么关系？如果这样说："这车保养得真好！"那效果就完全不同了。

所以，我们不难发现，只有有新意的赞美，才能把赞美说到客户心里，使客户信心大增，从而有助于我们的销售工作。

5.将赞美运用于销售中

很多时候，赞美是需要你在销售中临时把握的，再完美的计划也跟不上变化，销售员在赞美客户时，应该相机行事，时机不同赞美也要跟着改变。

比如，你的客户准备谈一笔生意，开始时，可以称赞他有魄力，中间过程可以赞美他毅力十足、能持之以恒，当谈成生意后则应该肯定他的成功。时机不同，赞美也不同，这样才是得体的表现。

总之，销售员应切记，赞美要显得自然，落到实处，要找到具体的赞美点。这个赞美点必须是客户身上真实存在的，在赞美时要指出细节，说明它的特点，给出自己的评价，这样的赞美才会让客户产生真实感，并认同你的说法，从而改变态度，使推销活动继续进行。

◆第 9 章◆

精通客户心理学，从“心”开始赢得客户

说服是一门艺术，说服大多数体现在语言上，尤其是对致力于开发客户的销售员来说，能不能成功说服客户显得尤为重要。有些销售员说自己不会说话。这种观点是错误的，除了有语言障碍的人之外，其他人都会说话。只不过是你说的话能否起到作用？能否成功吸引客户？能否让客户信任你的产品？如果我们能了解客户的心理，运用心理战术，巧妙运用各种心理效应，那么，赢得客户的心就容易得多了！

名片效应：做生意的第一步是赢得客户的好感

心理学有个名词叫作“名片效应”，指的是要让对方接受你的观点、态度，就要把对方与自己视为一体。根据这一效应，人际交往中，要想获得对方的好感，首先要向交际对方灌输一些他们所能接受和熟悉并喜欢的观点或思想，然后再悄悄地将自己的观点和思想渗透进去，使对方产生认同感，似乎我们的思想观点与他们已认可的思想观点是相近的。

这一心理学效应同样适用于销售中的客户开发工作，因为通常来说，人们在接触陌生的销售员的时候，都是持有一种防备心理的。如果我们开门见山，直接推销产品，那么，大多会被客户拒之门外；而如果我们在推销前，先做个“热身运动”，向客户表达与之共同的爱好、兴趣或者价值观等，那么，便能轻松获得他们的好感，接下来的推销工作也就容易得多。

销售情景：

莱文在纽约的一家大银行供职。有一次，经理告诉他，让他准备一份有关某金融机构的秘密文件。莱文了解到，只有一个人掌握着经理所急需的情报，这个人就是某大公司的总经理。于是，莱文前去拜访他。

当莱文好不容易说服了秘书，答应为其引见时，秘书却很为难地说：“总经理正在收集邮票。可是今天他没收集到，很是沮丧。”

莱文说明来意后，开始提问。但那位总经理总显得心不在焉，根本无心透露丝毫情况。莱文愁眉苦脸地离开后，绞尽脑汁思考如何得到那些情报，突然，他想起一件事，自己的儿子不是也在收集邮票吗？要是拿新推出的某个玩具和他交换，应该不是问题。

果然，他的儿子答应和父亲作这笔“交易”。

第二天下午，莱文带着邮票去拜访那位总经理。总经理满脸喜悦地接待了莱文，接下来的一小时，他们都在谈论邮票。之后，总经动把他所知道的情况主动告诉了莱文，并把自己拥有的文件资料都给了莱文。

分析：

这则案例中，莱文是怎么给这位总经理留下好印象的？很简单，是因为邮票。莱文带来了与儿子交换的邮票与总经理交谈，并表明他们有共同的爱好——收集邮票，这样对方必定很感激莱文的忍痛割爱，自然也很愿意帮助莱文。

两个人在交往时，如果首先表明自己与对方的态度和价值观相同，会使对方感觉到你与他有更多的相似性，从而很快地缩小与你的心理距离，更愿意同你接近，建立良好的人际关系。在这里，有意识、有目的地向对方表明态度和观点如同名片一样把你介绍给对方。同样，在开发客户的工作中，在与客户进行沟通前，花费一定时间和精力分析和研究客户的喜好和品位等非常必要，这样在沟通过程中才能做到有的放矢。通常来讲，销售员可以通过巧妙的询问和认真的观察进行了解。

具体的操作方式是，先向客户灌输一些他们所能接受的和熟悉并喜欢的观点或思想，然后再悄悄地将自己的观点和思想渗透进去，使对方认为我们的思想观点与他们已认可的思想观点是相近的。

1.善于捕捉客户的信息

(1)察颜观色，寻找共同点。

人们的内心世界，包括其精神追求、爱好、生活品质等，都或多或少地通过他们的表情、服饰、谈吐、举止等方面有所表现，只要你善于观察，就会发现你们的共同点。

当然，察言观色发现的东西，还要同自己的情趣爱好相结合，自己对此也有兴趣，才有可能打破沉寂的气氛。否则，即使发现了共同点，也依旧无话可讲，或讲一两句就“卡壳”，或“对牛弹琴”，打动客户更是无从谈起。

(2)揣摩谈话，探索共同点。

为了发现陌生客户同自己的共同点，可以在同客户谈话时留心分析、揣摩。比如，当你发现客户和你讲着相同的家乡话时，你可以此为突破口，以乡音调动对方的谈话兴趣。

2.话用“名片效应”

寻找时机，恰到好处地向对方展示自己根据“名片”打造出来的形象，这样，你就可以达到目的了。

(1)多强调你们之间的共同爱好和兴趣。

若与客户有共同点，就算再细微也要强调，人与人之间一旦有了共同点，就可以很快地消除彼此间的陌生感，产生亲近的感觉。这样不但可以使对方感到轻松，同时也可以使对方说出真心话。

如果客户喜欢集邮，那么，你可以对客户说：“我对邮票也非常有兴趣，可是一直不知道如何收集和分类，您能给我一些好的建议吗？”如果客户的兴趣是打高尔夫球，你就要设法去了解高尔夫球的打法，以及对方喜欢跟什么样的人打球等。如此一来，当你在跟客户沟通时就不怕找不到话题，也比较容易和客户拉近关系。

(2)多关心对方，从细节入手。

要知道，认同感的产生，表明你已经赢得了客户的好感。通常情况下，如果你将这种好感搁浅，你们会返回到陌生人的状态。因此，你不妨多关心对方，这种关系自然会深化。

表示对别人关心的方法很多，其中记住对方曾经说过的话，然后向对方表示“您曾经说过……”是相当好的一种方法。可能有些人会问，这是为什么呢？其实，很简单，重复对方的话，表明你很在意对方的感受，听进了他的想法。而不断地称呼对方的名字，往往会使刚刚才认识的人产生彼此已经认识了很久的错觉。另外，记住他的爱好，并时常有所表示，也会让对方欣喜万分。

当然，赢得客户的好感的方法还有很多，只要我们做个有心人，就不怕留不住客户！

羊群效应：一个“中心人物”能带出一批准客户

心理学上有个名词叫“羊群效应”，指的是人们经常受到多数人的影响，而跟从大众的思想或行为，也被称为“从众效应”。羊群是一种很散乱的组织，平时在一起也是盲目地左冲右撞，但一旦有一只头羊动起来，其他的羊便会不假思索地一哄而上，全然不顾前面可能有狼或者不远处有更好的草。因此，“羊群效应”就是比喻人都有一种从众心理，这种心理很容易导致盲从，而盲从往往会使人陷入骗局或遭到失败。在日常的消费中，羊群效应也表现得尤为明显。许多人，特别是女性喜欢与同性朋友一起结伴购物，因为同性朋友之间的眼光更接近，购物也更加有乐趣。

当然，羊群效应对于不同的人群的影响是不同的，对于销售人员来说，在客户开发的工作中，如果能利用人们的这种从众心理，找到这只“领头羊”，便能开发出一批准客户。

销售情景：

李林明是一家投资银行的客服经理，在他的带领和经营下，银行的业务出现了前所未有的业绩。

在他刚开始任职时，银行业务还很冷清，因为随着一些大客户的流失，那些中小型客户也随之“改嫁”，把业务转到了其他银行。原本，他还准备开发一些新客户，但看到这样的状况，他发现问题就在于这些有头有脸的“大客户”。若将他们重新挖回来，不仅能改变现状，还可能带来新的生意。

为此，他召开会议，提议对银行的服务进行一些改革。他这样说道：“我发现，我们银行之所以会生意冷淡，主要是因为流失了一些重大的客户。所以，以后我们的服务工作一定要加强，尤其是对于那些关键客户，要让他们真真正正地感受到贵宾级待遇，这样才能抢回生意。”于是，李林明准备实施

"点线面"的服务方式，来保证关键客户每一瞬间的满意度，每一服务领域的满意度，从而提高对整个银行的满意度。

果然，第二天，银行"改头换面"了：一走进营业厅，门口摆放着鲜花。胸前佩戴工作证的工作人员走过来热情地询问客户。告知客户可以在号码机上取一个号码，然后在沙发上等待喊号。如果无聊的话，沙发旁边的报刊架有各种报刊可供翻阅。还有水和咖啡供客户享用。当客户走到柜台前时，服务人员会微笑着站立为客户服务。

而对于关键客户，银行设立了贵宾室，除了享受以上的待遇外，每次来银行办理业务的关键客户还会免费收到银行寄出的年画、海报或者记事本等；另外，针对贵宾，银行还开通了24小时的热线电话，无论有什么问题，银行都会在最短的时间内加以解决。

果然，不到两个月的时间，银行的业务就又红火起来，那些大客户又回来办理业务了。更可喜的是，这些大客户居然号召自己的很多朋友来这家银行办理各项业务，从而为银行带来了大批新的客户。

分析：

事实证明，案例中的客服经理李林明的做法是正确的，在银行业务下滑的情况下，他找到了问题的症结所在，他在提高银行整体服务水平的同时，加大力度提高关键客户的服务质量：设立贵宾室和贵宾专线，令其真正享受到贵宾待遇，进而形成忠诚度。于是，新客户便在这些大客户的号召下，络绎不绝，可谓一举两得。有了这种跟风的心理，销售人员在进行销售时，就应该利用客户的从众心理来营造营销氛围，通过影响人群中的部分人，从而达到影响这个人群的目的。

在销售中，销售人员要想利用从众心理，促成开发出一批新客户，也是一种不错的选择。那么，如何才能更好地利用顾客的这种从众心理呢？归纳下来，有以下几个方面值得注意。

1.所找的"中心人物"必须是一些有影响力的"大客户"

虽然人们有很强的从众心理，但是销售员所找的这个“中心人物”必须是一些有影响力的大客户。如果只是一些普通的消费者，那么，客户通常是不会从众的。毕竟对方的身份和地位不足以说明问题。

所以，销售人员在寻找这些中心人物前，一定要对这个客户群体进行一番了解，一定要选择那些影响力大的、客户熟悉的、比较具有权威性的老客户，否则，客户的从众心理很难被激发出来。比如，一个销售人员在向一个客户推销自己的产品时，由于是第一次和这个客户合作，客户对他的产品有些顾虑，虽然想进货，但总是找这样或那样的理由拒绝和销售人员签合同。这时候，销售人员对这个客户说：“我们的产品你大可放心地使用，××公司一向对产品质量的要求非常严格，我们公司就是他们的供货商。××公司经过很长一段时间的考察，最终选择了与我们公司进行合作的。现在，我们已经与这家公司整整合作了 5 年，从来没有出现过任何差错。虽然今天是第一次与贵公司合作，不过我相信，我们一定能保持长期的合作。”结果，这个客户很快就与销售人员签订了合同。

2.经常保持与“中心人物”的沟通

能随时保持有效的沟通非常重要，这就又回到销售人员的整体素质上去了。对此，我们要利用一些时机多走动、多沟通，随时关注这些“中心人物”的动向。

3.为“中心人物”制订个性化服务

我们在找到这个“中心人物”之后，要针对其具体情况制订出个性化服务，让客户感受到我们不是在与他们做生意，而是在为他们服务，在帮他们的忙，这点很重要。

当然，利用客户的从众心理的确可以提高推销成功的概率，但是也要注意讲究职业道德，不能靠拉帮结伙欺骗客户，否则会适得其反。

光环效应：让顾客对你的产品产生好感

心理学上有个名词叫“晕轮效应”，它是由20世纪20年代美国著名心理学家爱德华·桑戴克提出的。这一概念的含义是，人们对人的认知和判断往往只从局部出发，扩散而得出整体印象，即常常以偏概全。一个人如果被标明是好的，他就会被一种积极肯定的光环所笼罩，并被赋予一切都好的品质；如果一个人被标明是坏的，他就被一种消极否定的光环所笼罩，并被认为具有各种坏品质。这就好像刮风天气前夜月亮周围出现的圆环（月晕），其实呢，圆环不过是月亮光的扩大化而已。据此，桑戴克为这一心理现象起了一个恰如其分的名称叫“晕轮效应”，也称作“光环作用”。晕轮效应不但常表现在以貌取人上，还常表现在以服装定地位、性格，以初次言谈定人的才能与品德等方面。在对不太熟悉的人进行评价时，这种效应体现得尤其明显。

最典型的例子，就是当我们看到某个明星在媒体上爆出一些丑闻时总是很惊讶，而事实上我们心中的这个明星的形象根本就是她在银幕或媒体上展现给我们的那圈“月晕”，她真实的人格我们是不得而知的，仅仅是推断而已。

据此，我们也可以把这一效应应用到新客户的开发上，客户最关心的是产品，我们可以通过采取一些措施，比如，为产品收集一些正面的信息，让客户觉得我们的产品还是很让人信得过的等，这样，客户看到的是产品的美好的一面，自然会对产品产生好感。

销售情景：

曾经有一个充满传奇色彩的神话故事：1189年，罗马帝国皇帝腓特烈一世和英法两国国王率领第三次十字军出征，前往耶路撒冷。行至阿尔卑斯山附近时，天气突变，风雪大作，十字军士兵的脚冻得寸步难行。情急之下，罗马骑士法雷诺让其他人把随身的皮革裹在脚上，继续前进。14~15世纪时，意大利北部城市一家有名的皮鞋制造商为纪念法雷诺将军的这段故事，将自己生产的最高档皮鞋命名为“法雷诺”，法雷诺的美名因此流传开来。

为此，意大利皮鞋法雷诺登陆中国市场后，受到国内影视明星、成功男士、政界名流等中高档消费群体的厚爱。这不仅是因为法雷诺皮鞋款式新颖，做工精细，用材考究，尽显成功自信、尊贵不凡的男人风范，还因为上面这个故事所传递的情感。

分析：

这是一个品牌成长的最初动力。因为这个故事给人们传递的不仅仅是产品的质量，更是一种情感的传播。客户认可的也正是这个。从这个故事中，我们应当受到启发，销售员在与客户交谈、推销的过程中，可以巧举例子或者讲故事等方法来为产品树立口碑。

当然，制造光环效应的方法还有很多。

1.造声势，加大广告的投放力度

当然，要想让客户真正地觉得销售员所代理的产品市场走俏，光靠销售员策划实施的几个案例是不行的。还需要广告的跟进，让客户真正地感觉到走俏的声势。所以，厂家的销售广告一定要及时、到位，为商品走俏大造声势。同时还可以增加在消费者中的影响力，这样，消费者在广告的引导之下，自然会把客户所期望的后续消费者链接起来。当客户真正得到了好处之后，自然愿意和销售员进行长期合作。否则就算是成功蒙蔽了客户一次，客户一旦知道了真相，自然不会再和销售员合作了。之前付出的所有努力也就全都白费了。

2.说故事，为产品注入文化内涵

很多客户在购买产品的时候，与产品的实用价值相比，更在乎产品的内涵。而美丽、隽永的历史传说总是能赋予品牌深刻而生动的文化内涵。人们在接触品牌或产品时,会不由自主地想起那段美丽的历史传说。因为美丽而动人的故事,更容易让人把该品牌铭记在心。如将茅台酒在巴拿马万国博览会上打碎,酒香四溢,征服与会的所有酒商及评委,一举夺得巴拿马万国博览会金奖并获得大量订单、走向世界的故事。

3.造声势要不着痕迹

销售员在大造声势引导客户合作的时候,一定要用心,表现得自然无痕迹,让客户觉得是事实,否则将会引起客户更加强烈的防御心理,不但不会合作,而且还会粗暴地拒绝,甚至恼羞成怒。因此,销售人员在大造声势推销产品时大可不必有心理压力,而应泰然处之。在不损害客户利益的前提之下,最大限度地为公司赚取利润是每一个销售员应该尽到的职责。

这里,我们可以发现,产品的光环就包括产品的内在文化和销售状况等,如果我们能把这种光环传递给客户,那么,不仅会让客户觉得你是一个专业的销售员,还会对产品的说服力产生极大的忠诚度。

激将法:让对方主动愿意与你成交

其实,当销售常规方法不起作用的时候,还可以运用另一种方法来争取客户。这就是销售过程中常见的激将法。顾名思义,它是一种通过刺激客户,促使客户情绪激动从而产生兴趣或是购买行为的方法。

但事实上,这只是我们自己的一厢情愿。情况多半是完全相反的,甚至在开发客户之初,客户都是习惯性地拒绝,无论我们怎样设法吸引客户的注意力,他们似乎都不为所动。在这种情况下,销售工作该如何开展呢?

因此,在开发客户的过程中,我们若想让客户自动上门,就要敢于搏一搏,利用客户的好胜心、自尊心,采用激将法激发他们产生购买欲望。

销售情景：

李峰是一家打印机销售公司的销售员，他有一个墨守成规、故步自封的客户——陈经理。尽管陈经理办公室的打印机已经非常老旧、几近淘汰了，但是他仍然不打算更换。李峰多次和他电话联系，每次李峰都针对那台老旧的打印机大做文章，试图促使对方尽快购买，但是都无济于事。

万般无奈之下，李峰决定亲自上门劝说。来到陈经理的办公室后，看到那台陈旧、难看的打印机，李峰突发奇想，决定用激将法刺激一下客户，来冲破客户的固有思维。于是他拍了拍那台打印机，感慨道："T型福特，T型的啊！"他的声音不大不小，刚好让办公室里的人都能听到。

"T型是什么意思？"陈经理有点尴尬。

"没什么，T型福特曾经是一款非常流行的汽车，但是现在它只是一个怪物。"李峰说。

陈经理很尴尬。最后，当李峰即将离开时，他主动提出购买李峰的激光打印机。

分析：

案例中，打印机销售员正是利用了激将法，使墨守成规的客户产生了失衡的心理，从而让其主动提出购买打印机。可见，激将法是一种有效促进成交的方式。

总的来说，激将法，就是利用人的自尊心、面子或者逆反心理等人性的共同点，以"刺激"的方式，激起其不服输情绪，将潜能发挥出来，从而取得不同寻常的说服效果。但是，在销售中，激将法不可随便滥用，在使用时一定要看清楚对象、环境及条件，切忌滥用。同时，运用时要掌握好分寸，态度要自然，不可操之过急，也不能过缓。过急，欲速则不达；过缓，对方无动于衷，无法激起对方的自尊心，也就达不到销售的目的。

因此，在学习和掌握这种促成订单的技巧时，销售人员还需要注意以下几个问题。

1.“产生损失法”和“受到威胁法”

（1）“产生损失法”。

人们购买产品，除了满足自身的生产需要外，还为了能够带来利益。因此，客户的某些利益是必须在购买产品后才会拥有的。因此，没有人会眼睁睁地看着自己蒙受损失而不为所动。当销售员告诉客户，他如果不购买产品，就会失去某些利益甚至遭受某种损失的时候，客户往往会非常重视，甚至比获得其他利益还要重要。为了避免利益受损，他们会尽可能地挽回。所以，使用激将法后，客户一般都会向我们敞开大门或是立即成交。

（2）“受到威胁法”。

人们都有害怕改变现在良好的、安稳状态的心理，所以，只要不存在某些既得利益方面的损失，人们是不为所动的。但我们可以从另一方面来刺激他们，也就是告诉他们，他们的既得利益会受到威胁。在某些行业中，无论是安全隐患还是经济风险都会使人们的利益受到潜在的威胁。销售员要做的就是告诉客户这种威胁不可不防，并不断暗示其这种威胁的存在，而这种威胁只有我能够帮你预防。这样客户就会接受我们，最终同我们顺利成交。

当然，除了经济利益或是人身利益受到威胁会引起客户重视以外，企业形象、客户个人的尊严、品位等受到威胁和质疑也可能促使客户重视起来。

2.和客户“对抗”，但不能伤害客户自尊

销售员在采用激将法促使客户购买的过程中，大可不必害怕因此而得罪客户。表面上看，你是在逼迫客户购买，但从另外一个角度看，客户也会从心里感激你，因为正是你的逼迫，让他在众人面前露脸，向众人宣布：我是有钱人，我有能力消费！可能他在心疼钱的同时也在为满足虚荣心而沾沾自喜呢！当他的这种虚荣心得到了满足，自然会感激你给予的表现的机会。

销售员可以和客户“对抗”，但是必须以不伤害客户的自尊为前提。如果销售员伤害了客户的自尊，即使你把产品推销出去了，那么，对于客户来说，也是“一次性购买”！因此，正确使用激将法应该是在不刺激对方自尊的基础上，切中对方的要害。

3.要注意态度自然

销售员在使用激将法时，一定要做到自己的态度和表情大方自然。否则，容易让客户看出你是在“激”他，从而产生逆反心理，最终导致无法成交。

4.把握客户的心理，针对不同的客户采取不同的应对方法

在销售过程中，销售人员采用激将法，首先要把握好客户的心理。否则，将很难起到激将的效果，甚至还有可能把一桩很有希望的生意逼进死胡同。因为激将法不一定会对所有不同客户产生作用。一般来说，地位高、年纪轻、穿着考究的人更在乎周围人的眼光。在用激将法促成订单时，销售人员可以根据不同的客户对象采用不同的方法。

注意以上几点，我们在运用激将法吸引客户时，便能有效避免很多问题了。

配套效应：向客户提供全面的服务

日常生活中，可能我们都有过这样的经历：有一天，你和妻子一起逛街，路过某品牌的专卖店时看到一条心仪已久的裤子正在打六折，于是你和妻子一商量，咬咬牙就买了。穿着新裤子，心里美滋滋的，这是你最好的衣服了，大概花了你月工资的三分之一。第二天，你准备穿这条新裤子去上班。可这时你发现一个问题，那就是，你的上衣是不是也该换了？你的皮鞋是不是也该换了？你的皮带是不是也该换了？你的皮包是不是也该换了……

这是一种什么样的心理？18世纪法国哲学家狄德罗也遇到了类似的事情。一天，朋友送他一件质地精良、做工考究，图案还很高雅的睡袍，狄德罗非常喜欢。于是他穿着精美的睡袍，在家中找感觉，忽然他发觉家里的家具风格不对，地毯针脚太粗大。于是为了与睡袍配套，旧的东西先后更新，房间终于和睡袍配套了。可他却觉得很不舒服，因为自己居然被睡袍胁迫了。

200年后，美国哈佛大学经济学家施罗尔在《过度消费的美国人》中，把这种现象称为"狄德罗效应"，也就是人们常说的配套效应。

不过，生产企业和商家倒是很喜欢人们的这种心理，实践中也有意将"配套效应"运用到极致。所以，厂商往往会想方设法利用这一效应来推销自己的商品。他们会告诉你这些商品如何与你的气质相配，如何符合你的档次，等等。总之一句话，它们都是你不能不拥有的"配套效应"商品。

同样，作为销售人员，你在开发客户的过程中，也可利用这一效应，抓住人们的这一配套心理，当客户需要更全面的服务时，你就成功了。

销售情景：

这天，孕婴产品推销员孟青来到某小区，经过打听，他得知某住户家有孕妇，再过两个月这家就要添丁了。于是，他敲开了这家的门，开门的是个老妇人。孟青猜想，这位不是孕妇的母亲就是婆婆。但他还是决定先试探一番。

"阿姨，您好，您怎么一个人在家？你儿子和媳妇呢？"

"你弄错了，这是我女儿的家，她怀孕了，我是来照顾她的。"

"哎，真是可怜天下父母心啊，这么大年纪了，还为女儿着想，想当年，我岳母也像您一样，生怕我妻子冷着、饿着，孩子出世后，也是一刻不闲着。"孟青语重心长地说。

"可不是嘛！不过我女儿很好动，身体也不错，这会儿她婆婆带着她出去散步了，我们两个老太婆还怕照顾不好一个孕妇吗？"老太太爽朗地笑了起来。

"是啊，我看阿姨您是一个和善的人，全家人一定很幸福。对了，阿姨，只顾着和您聊天了，您看，这是我们公司的产品，是专门针对婴儿设计的，包括奶粉，益智玩具，还有各种婴儿期的书籍等。"

"原来，你是搞推销的？"

"是的，阿姨，不过您不购买也没关系，打扰您这么久，我赠送您一个小玩具吧。”说着，孟青拿出了一把玩具手枪，老太太一看，欢喜得不得了，但她一想：要是女儿生的是女儿，那岂不是不合适，再说，亲家也会以为自己重男轻女，那要不，再送个小娃娃吧。就这样，老太太主动提出再送个娃娃。

孟青一看，自己的方法奏效了，就对老太太说：“对了，阿姨，您的女儿还有几个月生产？”

“两个多月。”

“现在的女人呀，都爱美，对于孕后的身材可是很在意的，我妻子，当年生完孩子后，一年多都恢复不了，我那时候就想，要是我能多挣点钱，给她买点有助于产后恢复身材的产品，那该多好啊！阿姨，现在我们公司的这种产品，正是针对孕妇设计的，只要产后每天锻炼十几分钟，就能起到很好的效果。您要是给您女儿买一个，她一定会很高兴。”

“是啊，那我也买一个吧，反正女儿生孩子，我这个做母亲的，也没为她买什么。”

接下来，在孟青的热情推荐下，这位老太太居然一次性购买了千元的孕婴产品。

分析：

案例中，推销员孟青在道明自己的拜访目的后，对方的反应是：“原来，你是搞推销的?”从这句话里可以看出，虽然孟青前期做了很多亲近对方的工作，但还是被对方拒绝了。此时，他采取了以退为进的策略，提出为客户赠送产品的要求，面对免费产品，谁会拒绝呢？而这一“送”，就产生了“一发不可收拾”的后果，在“配套效应”和孟青的劝购下，对方产生了购买各种产品的需求，这就意味着你的推销成功了。

其实，“配套效应”在日常生活中可谓司空见惯，几乎在每个普通百姓身上都会发生。比如，买了一套新房，避免不了要装修一番。有人这样描述：铺上大理石或木地板后，自然要再安装像样的灯池；四壁豪华后自然还要配上高档的硬木家具；出入这样的住宅，显然不能破衣烂衫，必定要有拿得出手的衣服……我们在利用这一效应使潜在客户“进行购买”时，需要注意以下两点。

1.将心比心，站在客户的角度说话

这里的含义是要求我们以客户为中心来分析问题，帮助客户解决问题。销售员需要花较多的时间与客户建立信赖关系，并且了解客户的需求，只有以客户为主才能更好地建立信任感。正如案例中的这位销售员所说：“您要是给您女儿买一个的话，她一定会很高兴。”

2.注意自己的说话态度，不可强迫客户购买

我们开发客户，并不一定要让客户购买。另外，我们为客户制造配套效应，也不可操之过急，否则很容易被客户认为我们是心怀叵测，这样一来，所有的努力都白费了。

结合以上两点，只要我们言辞诚恳，找到客户需要的配套服务，那么我们的推销一定能够成功。

互惠互利：客户获得实惠后自然愿意相信你

我们都知道，任何人在购买产品的时候，都希望物美价廉，但实际上，商家也需要从中赚取足够的利润，所以，我们在开发客户的过程中，经常会和客户产生利益上的分歧。但聪明的销售员，都能化解这一分歧，因为他们能抓住客户想得到更多实惠的心理，要么提供一些优惠，要么提供一些赠品，要么言辞诚恳地让客户认识到自己价格的公道。总之，销售人员真诚地为客户着想，让客户感觉到你是在为他的利益考虑，客户才会愿意和你合作。因此，让客户满意的根本，是让客户感觉到你在为他谋利益，而不是为了获得他口袋里的钱，这样才能更好地得到客户的认可。做到这一点，自然能实现与客户的互惠互利。

销售情景：

刘阳是北京某大学大二学生，这年寒假回家后，他想利用假期锻炼一下自己。于是，他在某超市当起了促销员。

这天下午，来了一位四十多岁的男子，想要买大白兔奶糖，询问完价格后，他觉得有点贵，于是对旁边的刘阳说："能不能便宜一些啊，我要买很多呢！"

刘阳为难地说道："我们超市的产品都是有定价的，总部定的价格就是死价格，我也想给您便宜一点，但是便宜之后，我们就要把差价补上。您看这样行不？如果您能买二十斤以上的话，我们就赠送您一个可爱的新年兔。"

男子听后，说："你们也不容易，我买东西不能让你们付钱啊，来吧，帮我称上二十斤吧。"

分析：

这则案例中，促销员刘阳在面对客户要求降价的情况下，向客户表达了自己的难处。表明商品价格自己并不能做主，并且，他还提出在客户购买一定数量的情况下可以为客户赠送小礼物，这样，客户自然就能理解销售员的苦衷，所以也就不再挑剔价格，一下子买了二十斤的商品。顾客能够理解销售员，才会产生双赢的效应，至少买完商品，双方都不会吃亏。所以，销售员在销售中要让客户理解自己，是赢得客户的关键。

所以，如何平衡商家和客户之间的利润，让商家有利可图，让客户也能接受，在具体的销售中是一种常见行为，具体表现就是讨价还价。有时候，客户非常刁钻，尤其是一些业内客户，大都知道价格底线，经常把价格压得很低，所以，如何让客户理解商家，达到客户和商家双赢，在销售中显得尤其重要。

那么，如何才能让客户理解销售员，并满足客户的想得到更多实惠的心理以达到双赢呢？总体说来，可以从以下几个方面着手。

1.突出商品的优势

在销售中，很多客户会提出你的商品比其他商家的贵。这种时候，我们可以将同类产品进行优势对比，突出自己商品在品质、性能、声誉、设计、服务等方面的优势。让客户知道“贵有贵的理由”。人们不是常说“不怕不识货，就怕货比货”吗，在对比的过程中，客户一目了然，自然会选择物有所值的商品。

某厨具推销员来到某住户家，对方也的确看上了这套厨具，但询问价格后则有些犹豫。

客户：“你们家的怎么比别家的贵这么多。”

销售员：“您说得对，不一样的东西当然就是不一样的价位了。我们的厨具的材质绝对是上乘的，做工考究，不仅美观大方，最重要的是结实和耐用。再加上独特的风格设计，简约大方，朴素典雅，放在家里特别显档次。”

客户：“可是和我上次看到的那家也没差太多啊。”

销售员：“虽然风格有点相似，但是，我们的厨具是其他商户根本无法比拟的。就像五星级饭店和三星级饭店，大体上看起来也没有什么差异，但是因为服务和舒适程度不同，所以价格也就有所不同。我们的厨具，品质绝对是最好的。”

当客户告诉销售员“某某商店比你这里卖得便宜”时，我们应该像案例中的销售员那样，在比较中巧妙地突出自己产品的优势。但是千万不能贬低竞争对手，以免让对方知道后带来不必要的麻烦。对于那些购买后存在附加成本的产品，我们也可以通过分析附加价值的优势，促使客户完成购买。

2.从客户的利益角度考虑，不要为了推销而推销

日本著名的保险销售能人山田正皓曾经有过这样一次推销经历：

有一位先生曾坚持要购买两份同样的保险，一份开立在他自己的名下，另一份给他的太太。山田正皓遵从了这位客户的要求。但是在输入客户资

料时，他发现两份保险分开投保的费用比用同样金额以夫妻名义共同投保一份的费用高出20%。他立刻打电话对这个客户讲明，如果这两份保险愿意合并为一份的话，至少可以省下20%的费用。客户十分感激，欣然接受了他的建议。从那以后，这位客户与他成为了好朋友。虽然他当月的佣金因为此事减少了很多，但是这部分损失他早就从那位客户所介绍的朋友处得到了补偿。

3.适当地采取措施满足客户图实惠的心理

图实惠是每个人都有的心理，很少有人会拒绝免费的东西。在很多情形下，客户想得到一点优惠，更多的不是功利上的考虑，而是得到“实惠”后喜悦轻快的好心情。通常应对此种顾客可先给予一些小礼物，满足对方这种心理，客户就容易接受你推销的产品了。

所以，只有到了我们成功开发客户，并劝说客户成交的那一刻，我们的销售任务才算完成。而实际上客户在自己得到满足的同时，也让销售员有一定的利润补偿，对于销售员来说也是心满意足的。实际上，这也为下次合作作了铺垫。

登门槛效应：别急着成交，让客户逐步认可你的产品

在人际交往中，当我们需要向对方提出一个较大的要求时，如果担心被对方严词拒绝，不必直接提出，可以先提出一个对方能够轻易办到的要求，一旦答应，再提出那个真正的要求，这样被接受的可能性就会增大。这就是心理学中的登门槛效应。其实，登门槛效应不但能够让对方痛快地接受自己的要求，还能帮助我们一步一步地实现自己的人生梦想。梦想固然美好，更重要的是将它变为现实。很多人在追逐梦想的过程中，因为它的遥不可及而逐渐产生疲惫感。

现实销售中，我们在开发客户的过程中，经常会遇到被客户直接拒绝的

情况，这是因为客户对销售员都有着很强的防备心理，他们认为销售员是来掏他们的腰包的，此时，若销售员直接道明目的，难免会被拒绝。而如果销售员能利用心理学上的登门槛效应，让客户一点点认可你的产品，效果则可能完全不一样。

销售情景：

童童是保险公司的业务员。由于人们对保险没有足够的认识，再加上一些小保险公司的违规操作，在一段时期内，人们一见到保险业务员来访，唯恐躲避不及。所以，对保险业务员来说，推销工作何其艰难。

但是，就在其他保险业务员举步艰难的时候，童童却如日中天，业绩不断翻番，原来童童在推销保险的时候懂得应用“登门槛效应。”

这天，童童去小区开发客户。他没有穿职业的套装，而是穿着休闲装。不一会儿，他和下楼散步的王大妈聊了起来。一开始拉家常，聊到了儿女，最终聊到了老人的赡养。当童童与王大妈聊起保险的时候，王大妈表示没有买的想法。但是由于一开始童童和王大妈聊得很投机，所以王大妈也不好意思直接拒绝。

随后童童通过向王大妈介绍保险的各种好处，慢慢地让王大妈对保险有了全面的认识，同时，王大妈对童童产生了信任感。就这样，最终王大妈在童童的热心帮助下，给自己买了两万元的保险。

分析：

从上面的事例中可以了解到，客户对一些自己不认同的东西有着极强的防备心理。要想攻破这层堡垒，就要利用登门槛效应，层层剥离，让客户在不知不觉中接受和认同销售员的价值体系和理念。一般情况下，客户第一次接受之后，以后就不好意思拒绝。所以，销售员在一开始接触客户的时候，要从一些简单的认同开始。慢慢地攻破客户的防备心理。

由于先入为主的心理取向，客户在受到一些产品的负面影响之后，会对产品和服务产生一些敌意或者对抗的情绪。这时候，如何化解客户的敌意，让客户认同你的产品和服务对于销售员来说非常重要，直接关系到最终能否达成合作。作为销售员如何用登门槛效应化解客户的误解和敌意呢？以下几点，值得销售员借鉴和学习。

1.得体的形象会让客户对你产生良好的第一印象

销售人员在拜访客户之前，穿着一定要整齐干净，和客户交流的时候不要太强势，要有很好的亲和力，让客户在轻松自如的环境中和你交流。客户或许会抵触你的产品，但是不要让客户抵触和你接触与交流。所以，给客户留下良好的第一印象是销售员成功接触客户的前提。

2.先不提销售，而是向客户提出一个令其无法拒绝的要求

很多客户对销售人员有很强的戒备心理，所以，看到销售员的时候，态度非常冷漠，甚至是敌视。这时候，聪明的你不妨先抛弃自己的销售员身份，以普通人的身份提出一个人性化的要求。比如上个厕所，或者是喝杯水，要么问个地址。这些基本的人性化要求，一般人都不会拒绝。自然你的客户也不会拒绝你简单的要求。因为对方觉得即使满足你这样的要求，也不会影响到他，再者，这些连陌生人都能满足的要求，销售员专门来拜访你，而你不能给予满足，就有些太不近人情了。客户在满足这些人性化的要求的时候，销售员要抓紧机会接触客户，从而提出一些更高的要求。

3.淡化销售的方式，只是为对方提供服务和产品

与案例中的情况类似，很多人对推销员推销的产品都存在某些误解。所以，销售员在和客户接触的时候，可以先不提销售事宜，只是聊聊家常，这样客户认可你之后，自然愿意主动接触你的产品。事实上，当客户想要了解产品和服务时，则意味着客户和产品之间的误会将很快得到化解。化解了误会，客户和销售员之间的合作也就是水到渠成的事了。所以，销售员在和客户接触时，要建立最初的认可和顺从，让客户在这种认可和顺从之下，慢慢地接受销售员，接受产品。

4.要层层递进，让客户认可产品

有些销售员在做了前期的几项工作后，客户依然有抵触心理，此时的他们已经按捺不住内心的焦急，于是，不管客户是否喜欢，非逼迫客户合作。这样一来，往往让客户非常反感，不但不会和你合作，反而会把对产品和服务的抵触牵引到对销售员的抵触上，造成客户拒绝和销售员接触和交流的局面，给原本就不好做的产品推销增添了更大的难度。因此，销售员在和客户合作之前，要层层递进，慢慢地接触客户的内心，不要急于求成。避免引起客户的反感，和客户发生对抗。

总之，销售员在开发客户的过程中，一定要尊重客户的情感需要。客户内心的误解和抵触不化解，他们是绝对不会委曲求全与你合作的。而巧妙地使用登门槛效应，可以帮助销售员实现这一结果！

权威效应：让客户对产品信任有加

心理学上有个名词叫权威效应，又称为权威暗示效应，是指一个人如果地位高，有威信，受人敬重，那他所说的话及所做的事就容易引起别人重视，并让他们相信其正确性，即“人微言轻，人贵言重”。

权威效应的普遍存在，首先是由于人们有“安全心理”，即人们总认为权威人物往往是正确的楷模，服从他们会使自己具有安全感，增加不会出错的“保险系数”；其次是由于人们有“赞许心理”，即人们总认为权威人物的要求往往和社会规范相一致，按照权威人物的要求去做，会得到各方面的赞许和奖励。

生活中，我们通常选择购买那些口碑好甚至是品牌的产品，也就是这一心理效应的体现。因为那些口碑好的产品已经获得了人们的认可，我们再去购买的话，风险性相对小一些。这是人们趋利避害的心理所致。而这些就给了销售员一个启示：在销售过程中，我们要巧用口碑，举例子，说出产品的优越性，让客户从心里接受我们的产品并最终完成购买。

销售情景：

这天，一名太阳镜推销员走出专柜，来到某商场外，向进出的行人推销自己的产品。这时，一位小姐走过来，称自己想购买一副太阳镜，但是价格太高了。

顾客："这款太阳镜挺漂亮的，是什么牌子的？"

销售员："小姐真有眼光，这是我昨天刚进的货，是××牌的。夏天来了，最近我们这款产品卖得很火。"

顾客："我没听说过这个牌子。"

销售员："可能是我们的宣传力度不够，真谢谢小姐您的提醒。实际上，我们这牌子已经上市七八年了。全国的大中型城市都有我们的专卖店。不过本市只有我们一家。可能您以前没有注意到我们这个牌子，但您知道暴龙这个品牌吧，近两年，我们的目标就是要成为和暴龙一样的顶级品牌。最近我们在做活动，所以价格相对便宜很多。"

顾客："真是这样吗？"

销售员："当然是，现在刚好有这个机会向您介绍一下我们的产品，我们主要的顾客群就是像您一样的城市达人。我们的设计理念就是'穿的要有高品位，戴的也要有高品位'。您看就像您选中的这一款，不仅造型另类别致，而且时尚大气。"

顾客："的确挺特别的。"

销售员："这只是其中的一款，您看看里边的款式，设计风格绝对是独一无二……"

分析：

的确，现代人购买产品，已经有了强烈的品牌意识，案例中的顾客就是这样。当顾客提出"没听说过这个牌子"时，销售员并没有这样回应顾客：

"怎么会没听说过呢，我们可是全国知名品牌。""这个品牌推出好几年了，在这一行业很出名的。"因为这种解释显然是空洞无力，毫无说服力的。而如果回答："我们这牌子正在多家媒体上打广告。""不瞒您说是个新牌子，刚刚上市。"也更验证了顾客的疑虑。在案例中，销售员先给自己的品牌找了个不为顾客知道的理由——"我们的宣传力度不够"，然后他再将品牌的目标和发展趋势告知顾客，最后，他将产品的主要优势介绍给顾客，经过一系列的分析后，顾客才打消了对这一陌生品牌的疑虑。

品牌为什么如此重要？这也是权威效应，品牌之所以为品牌，是因为它已经成功说服了大多数客户，人们购买品牌，购买的就是一种安全感。

可见，在向我们的潜在客户推销产品的时候，我们一定要让产品得到权威的认可，产品越是权威，越是能打消客户对产品的疑虑。具体来说，我们可以从下面两个方面来告知客户产品的权威性。

1.用影响力较大的人物或事件说明

销售人员要想使列举出的数据给客户留下更为深刻的印象，可以借助那些影响力较大的人物或事件来加以说明，由此增加客户对你所销售产品的信任度和重视程度。例如：

"某某明星从××年开始就一直使用我们公司的产品，到现在为止，她已经和我们公司建立了5年零6个月的良好合作关系。"

"这是某次奥运会的指定产品，仅那次奥运会就使用了68720箱。"

2.利用权威机构的证实

权威机构的证实自然更具权威性，其影响力也非同一般。当客户对产品的质量或其他问题存有疑虑时，销售人员可以利用这种方式来打消客户的疑虑。例如：

"本产品经过××协会的严格认证。在经过了连续9个月的跟踪调查之后，××协会认为我们公司的产品完全符合国家标准……"

但我们在向客户述说产品具备权威性的过程中，一定要保证其真实性，否则只会引发与客户之间的信任危机。因为一旦客户发现你所陈述的内容并非事实，就会对销售员本身乃至整个公司的产品产生质疑，那么，无论对于销售员或者企业，都会产生无法估量的恶劣影响。

刺猬效应：和顾客保持“最美”的距离

在开发客户的过程中，很多销售员为了给顾客提供最热情、最周到的服务，常常会寸步不离地跟在顾客后面，喋喋不休地向顾客介绍产品。但顾客似乎并不领销售员的情，多半情况下，他们要么说“你让我自己想想”，要么就直接将销售员拒之门外，因为这种“贴身膏药式”的热情服务会让顾客感到一种无形的压力，透不过气来。顾客能够忍耐销售员“啰唆”的时间越来越有限。

所以，作为销售员，一定要把握好和顾客交谈的距离和分寸，对于顾客，不可怠慢，但也不可过于热情。与客户保持适度的距离，这是符合人际交往的刺猬效应的。刺猬效应，强调的是管理和人际交往中的“心理距离”。客户也需要一定的空间，当他们需要空间的时候，如果我们知趣地为其腾出空间，那么，客户就会觉得你善解人意，很懂事，自然对你赞赏有加。

销售情景：

琳琳是一名日用品公司的直销员，她性格开朗活泼，能说会道，按理说，她的业绩应该不错。可是她发现，那些和自己一起进公司的同事们都能将商品成功地推销给客户，而她每次都以失败告终。比如，有一次，她和同事一起来到某小区，将产品摆成一排。她发现，每次她喋喋不休地向客户推销的时候，客户见着她就像见了瘟神一样迅速地离开。而自己的同事，并没有说几句话，客户居然很爽快地购买了。

看着同事们一次一次地将商品成功地推销出去，再看看自己，半个多月一件商品都没有推销出去。于是她对自己的能力产生了怀疑。事实上，她比任何一个同事都热情周到，可是她很不明白为什么客户见了她就逃跑。

当她带着疑问去向销售主管诉苦的时候，主管告诉，以后一定要和客户保持一定的距离，不要一见到客户就贴上去。琳琳按照主管的建议，站在一定的距离上向顾客介绍和推销，果然收到了效果，接下来琳琳成功地推销出了很多商品。

分析：

从这个事例中，我们可以了解到，客户是需要一定距离的。当陌生人之间超越了一定的距离之后，就会让对方感觉到不安全。那么，究竟销售员和客户之间有哪几种距离呢？

1.与客户保持两手宽的空间距离

这里的空间距离一般是指销售员水平地举起自己的双手，与客户保持两手之宽的距离。这样的距离不但能够使销售员和客户面对面地看到对方，而且还可以从头看到脚。这样一来，销售员就可以清晰地观察到客户的性格、脾气，以及说话办事的特点，从而能正确地把握好客户的心理；而且还能从客户的眼神和脸色中洞察到客户对销售员的印象如何，这有助于销售员准确地作出判断，并作好下一步与顾客沟通和交流的准备。

一般情况下，这样的距离适合销售员和初次见面的客户沟通，而且既能让客户感受到销售员的热情，又能给客户一个相对安全的空间距离。所以，销售员在和客户初次见面的时候，一定要站在对方的理性空间距离上，这样才能更多地掌握客户流露出来的信息，从而更好地把握客户的心理，为完成销售尽可能多地作好准备。

2.不可过于热情

对顾客过于热情这一态度不可取，但我们也不可对顾客置之不理。顾客就是上帝，如果顾客丝毫感受不到你的服务，那你也就没有完成你作为销售员的使命，你的营销自然是不成功的。

参考文献

[1]张秀满.这样开发客户就对了[M].北京:机械工业出版社,2009.

[2]袁华冰.开发客户的100个技巧[M].北京:中国纺织出版社,2007.